「直感分析法」の原点と拠点

渡邊　佳明

大学教育出版

はじめに

最初から直感とは何でありどのようなものであるかを考え始めたのでないことが、まずもって本論の特徴である。だが、直感のことはともあれ人間は誰でも生まれてからこの方まずは体験から始まるのが本来である。直感論はこの紛れもない一つの真理から出発する。本書の題名にある「原点」という言葉はこのことを表現している。原点とはもともとすでにあったもののことである。それは〈過去形〉を本質としている。それはすでにあったものであり、いまも現にここにあるものでもあるから、そこからあえて何かを作り上げる必要もなく、事細かに思索する必要もない。原点とはそのようなものである。

問題は、もう一つの「拠点」の方である。この表現は「原点」とは違う。「原点」も「拠点」も基礎や土台を示すことでは同じだが、その本質が違う。「拠点」の本質は〈未来形〉である。この方の「点」はいまだないものであり、これから作り上げるものである。物事の体験にもまたそれを純化するにはそれなりの困難があるが、基礎や土台を作り上げることにはそれ以上の困難がある。少なくともそこに「原点」が見いだされていないかぎり不可能である。そのうえでいまだないものを作り上げるのであり、それもまた他の助けを借りなければ容易にできることではない。本書の拠点編では、「自らのもの」としての「直感分析論」を、すでにある「他のもの」としての「精神分析論」および「現存在分析論」それぞれと対比させ、それらを通して自らの根拠を作り上げる試みに挑んでいる。

#「直感分析法」の原点と拠点　目次

第一部　原点編

―直感分析法と「非行鑑別」―

第一章　非行鑑別

第一節　鑑別面接における直感の働き

一　鑑別面接の特徴

少年鑑別所において行われる鑑別の内容は、時代的な変遷とともに変化してきている。最初は「心身の鑑別」と呼ばれるような狭義のものから出発している。その後、①本件非行ないしその背後にある非行傾性の成立要因・機序の解明、②今後の改善のための働きかけの方策の提言、の二方向へしだいに重点が移っている。

鑑別面接とは、少年鑑別所の前記のような鑑別業務において、主として心理学を専門とする考査担当の職員によって、主に収容少年に対してなされる面接のことである。この面接は少年の在所中数回、少なくとも二回は実施されるもので、一次面接（インテーク面接）とそれ以降（二次以降）の面接とでは、その内容には差異がある。一次面接では、書類作成等の必要からくる情報収集の意味合いが多く含まれるからである。しかし、その本質的な要素は同じなので、これらすべての面接を鑑別面接として括ることができる。

鑑別面接には、他の心理面接とは異なる次のようないくつかの特殊性がある。

a．目的は鑑別にあって、治療については鑑別所特有の機能（審判前の収容であること）から抑制的になることが求められている。実際上その効果があるにしても結果としての副次的なものである。

b．対象は非行少年に限定され、情緒障害、精神障害のある対象はきわめて限られている。

c．対象者は拘禁状態にある。

d．その方法については、一応のマニュアルがあるにしても、この面接の特殊性から担当者の個性によってまちまちで、十分な体系化はなされていない。

e．鑑別面接の結果は他の資料とともに鑑別結果通知書としてまとめられて少年審判の資料となる。そのため、その作業には時間的制限がある。審判までの期間は原則としておおむね三週間強である。

f．鑑別面接は、処遇指針策定のための有力な一手段となっている。

このような特殊性をもつ鑑別面接についての考え方は、担当者の個性、その拠って立つ理論等から各種各様であるのが実情である。だが、それが心理診断と大きく括ることができる点では変わりはない。加えて、それは非行少年の処遇についての将来的展望をもつものであることから、人間理解という広汎な領域に関わる営為であることでも同じである。

二　鑑別面接と直感（その1）

ユング（C.G.Jung）は、人間の心の機能を四つに分類している。合理機構（rational function、思考および感情）と非合理機構（irrational function、直観及び感覚）である。(1) 鑑別面接に携わる者は、これらの心の機能の組み合わせの多様性に応じて各々の個性に特有な鑑別面接を行っている。

本章の目的は、前記のような鑑別面接において直感の機能がどのように働いているかを探ってみることである。

直感については、哲学の認識方法として分析と直観を対照させせることで知られている。また、現象学、あるいは現存在分析においては方法上の基本的な概念になっている。本論における直感の概念規定については第二部で取り上げるので、ここでは臨床場面に沿って述べる程度にする。ユングの説明にあるように直観が人間の心の機能の一つであるとすれば、それは人間の日常生活のあらゆる精神活動の場で働いていることになる。その特徴的な働きを概略的に述べれば次のようである。

a．事物（心）の全体を直接的、体験的に把握しようとする。
b．事物（心）の動いているまま、生きているままの状態でとらえようとする。
c．事物（心）の本質性、可能性に向かっている。
d．事物（心）の将来性と不可分である。

このような諸特徴から、人間の精神を対象とする営為や活動においては、特にこの直感の働きの重要性が増すことになる。とりわけ、各種心理・精神的臨床の場で、クライエントの将来的展望をもって事に当たろうとするとき、この直感の働きは不可欠な方法的要素となる。

少年鑑別所の鑑別作業は、少年の行動や心理、精神面への科学的、客観的アプローチである。しかも、それは司法的処遇の連関の中に位置するものであり、処遇とは切り離せない。担当者の直感の機能は、とりわけ少年の心理、精神面のいわゆる「見えざる」領域に対するときにきわ立った意味をもつ。しかも、それが処遇への展開の使命を含みもつときには不可欠なものとなる。

しかしながら、鑑別作業における直感の働きについては、これまでほとんど正面から取り上げられることはなかった。実際にはそれが働いているにもかかわらずそれに光が当てられることはなく、鑑別担当者の個性の内に潜在するものとして扱われてきた。だから、直感の働きを十分活用せず、処遇には疎い鑑別を行ってもそれで済む面があった。

ただし、この種の鑑別に対しては、特に他の処遇機関から厳しい批判があったのも歴史的事実であり、それはまた多かれ少なかれ現在の問題でもある。既述のように少年鑑別所の鑑別作業にも時代的変遷は明らかで、非行少年の司法的施策において実際的処遇効果重視の社会的要請は近年とみに高まってきている。この時点で、鑑別作業における直感の働きを検討することはきわめて重要なことと筆者は考える。

鑑別面接は既述したように他の面接にはみられない特殊性をもっている。それゆえそこには鑑別面接特有の構造がある。最初に、このことを明らかにしたい。

また、鑑別面接は、これも既述したようにその担当者の個性によって多様である。それらは筆者の臨床的経験からして、おおむね二つのタイプに分類される。これは、前述の哲学的概念規定である分析と直観の対照に見合うものである。これを流用して、分析的面接、直感的面接と命名でき、臨床経験からもこの命名は妥当なものである。

本章では、直感的面接について思弁的、体験的に考察することとしたい。その上で、直感的面接についての試論を構築することとする。最後に、直感的面接と分析的面接の対比に関する表を提示したい。

①　初回面接で起こっていること

担当者は、この段階では姓名、年齢、事件名、再入か新入か、といった程度の情報しか手元にないのが通常である。顔も知らないのが普通である（再入であれば前回の情報が手元にある）。「この少年はどういう人間だろうか。どうして少年鑑別所に来ることになってしまったのだろうか」といった程度の関心をもって担当者は少年に会いに行く。とりあえず面接室に行って、それからだという未決定の状態、白紙の状態が出発点である。唯一の手がかりは少年への〈関心〉である。

初回面接では、いわゆる情報収集のように平板に始まることが多い。しかし、その始まり方にしても担当者による個人差は大きい。初回面接でいつまでも型通りにたずねていれば、相手もおおむね型通りにしか答えてくれない。義務的、形式的に質問すれば、義務的、形式的な答えが返ってくるのは一般的である。

初回面接の基本は、こちらは相手のことについて知らず、相手は自分のことだから誰よりも多く知っていることにある。知らない者が知っている者にものをたずねるというのがその基本である。この段階では、相手の知らない領域までは立ち入っていく必要はない。それはまだ先の話である。

この項では、面接担当者における「白紙状態」あるいは「未決定の状態」、および「関心としての手がかり」というキー概念を抽出しておく。

② 二次面接で起こっていること

面接を進めるうちに、少年は自分のことでありながら自分のことが分かっていないという状態が現れてくる。あるいは、ある段階に面接者がそのようにし向けることになる。と言うよりも、一通りこちらにとって未知であって先方にとって既知のものについての質問が終われば、段階は次に移行する。こちら側の疑問や興味や関心はもう一つの深いレベルの方に入っていくことになる。ここでもなお面接の原動力になっているのは、少年への関心、興味である。だが、ここで関心や興味のもち方に微妙な変化が生じている。面接者の心の動きは少年の心の動きとしだいに一体になっていくようにみえる。

以下に述べる特徴は初回面接でも言えることだが、二次面接においてとりわけ特徴的である。特に一体化ということと関連して重要なことなので、ここで若干詳しく触れておく。

鑑別面接においては、面接者は少年に関心をもち、質問も発し、相手に自分のことを語らせもするが、その逆は成り立たない。少年もまた面接者に関心をもつにしても、それは面接の意図とか、この面接は審判にどのように影響するかといったことである。一般には、少年の方には面接者への関心や興味はそれほど強く働かない。働いても少年の心のなかに封じ込められているままで、そのことが話題に上ることはめったにない。ここでは一方通行としての面接が行われている。ここでは対等でない二者関係が成立している。聞く人と聞かれる人の二者関係である。その話題も少年のことに限られていて、場面は初めからそのように設定される。この二者の心に働く力の内容、方向も自ずと大きく違っている。それは単に拘禁者と被拘禁者といった単純なものではなく、面接の構造における基本的なものである。

上記の鑑別面接の基本構造を以下に抽出しておく。

聞く人（面接者）…………a．話題についての非当事者
　　　　　　　　　　　　b．知りたいという積極的欲求

聞かれる人（少年）………a．面接場面における主導的存在
　　　　　　　　　　　　b．話題についての当事者
　　　　　　　　　　　　c．話させられるという受動的存在
　　　　　　　　　　　　d．面接場面における従属的存在

また、この項では、「面接者と被面接者の心の一体化」というキー概念を抽出しておく。

③　深まった面接で起こっていること

面接が進み、話が深まっていくにつれて、面接者は自分の存在感がだんだんと希薄なものになっていく感じがしてくる。自己意識（少年鑑別所の職員としての意識、面接室にいるという意識、自分の個人的興味、感情に彩られた意識など）は背後に置かれる。そのため自分の中核部分が透明になっていく感じが支配的になる。少年の表情や態度を見る目、その話に耳を傾ける存在、少年の心に一体化していく意識などが前面に出てくる。面接者は面接場面をコントロールしていることでは主導的だが、話題はあくまでも被面接者の方に一方的にある。だからその観点からは従属的立場にあり、意識としては主導的な感覚と従属的な感覚とが混在している。時に主導的な感じが強まったり、時には自分のことがほとんど感じられなくなるほど従属的になる。あるいはその二つが混ざり合うような不思議な感じにもなる。

面接者の側に面接場面をコントロールする主体があって、面接全体を前進させている力もそこから生まれてきている。確固としていながら柔軟という二面性、おそらくこれが面接場面で背後に退いたり、中心に戻ってきたりしているのである。それは面接全体を包む大きなもののようでありながら、同時に消え入りそうなくらいに小さなものでもある。自らについての話題を話し続ける相手がそこにいて、その話の主体としての相手がこの場面を大きく占めている。面接者の意識の方はその話の方向に集中することを通してその意識の周辺に自らの空白化、透明化といったものを引き起こす。

面接を進めるうちに相手への理解は徐々に深まる。それも徐々にであって、ベールに覆われた感じはつきまとう。特に相手の心が丸ごと捉えられていない感じが強まる。それで、被面接者に脚色はないか、嘘はないか、自己欺瞞はないか、防衛が働いていないかなどハードルをクリアできず、模索がつづく。これが面接者のコントロールの内実の一部である。そのとき、面接者は早く相手の心の核心をとらえたいという感じをもつ。

そのとき、面接者と少年との間では次のような二者関係が成立している。つまり、「知りたがっている人としての面接者」と、「知りたがっている相手に自らを語ろうとし、また時には相手に理解してもらいたいという欲求と意志をもつ少年」との二者関係である。この段階では、面接者は個々の情報の内容よりもそれらの情報をつないだり、その底に流れている核をとらえたい気持ちや構えになっている。そこに面接コントロール上の〈攻防〉・〈折衝〉がつづく。少年にとって未知の問題も含まれてくる。そこで少年は初めてと言ってよいほどに自分と面と向き合うわけである。ここまでやってくると少年もまた未知の領域に足を踏み入れることになり、ここで少年と面接者は初めて二人三脚を組む。その面接構造に基本的な立場の違いがあることから対等というにはほど遠いが、面接のテーマに対しては最も対等に近い段階に達する。面接者の方には非行問題についての経験的・知識的蓄積が多くあり、またそれに対して客観的な立場つまり傍目八目の立場に立てる有利さがある。他方、問題となっているそのものは少年の心の側にある。少年自身を丸ごと知るということになれば、当事者である少年自身と非当事者である面接者とのどちらが有利な立場にあるかはにわかには決めがたい。これはやはり二人三脚なのである。

この項では、「面接者における自己意識の希薄化、透明感」、「二面性（確固と柔軟、広大さと狭小さ、主体性と従属性）」、「面接者、被面接者共通の未知の領域（二人三脚）」というキー概念を抽出しておく。

三　鑑別面接と直感（その2）

①　直感はどこでも働いている

まず初めに、直感の機能は人間の精神生活では個人差はあれ日常的に働くものであることを確認しておく必要がある。これは、これまで触れてきたユングの「心理学的タイプ」を考慮するだけでも自明のことであろう。直感は特別の時と場所で発動されるのではなく、他の機能と組み合わさって日常的に働いているはずのものである。それが、ユングが述べるように個人差があって、直感を多用する人間とあまり活用しない人間とに分かれるのである。したがって、鑑別面接を考察する場合にもこのことは言える。情報収集的面接に近い一次鑑別面接（初回面接）から、心のひだを触れ合わせるような深いレベルの二次、三次面接まで、直感は常に働くことの可能な状態にある。ただ、その働き方には、面接のレベルの多様性に応じて変化のあることが想定される。一次面接において働く直感の態様と二次面接におけるそれとには明らかな差異があるはずである。

②　白紙状態と未決定状態

まず初回面接に着目してみる。ここにおけるキー概念は「面接担当者における白紙状態、未決定の状態」である。これは鑑別面接における直感の機能を考える場合の重要な概念である。ここが出発点である。この「白紙状態」や「未決定状態」が不完全であればあるほど、ここでは直感の機能の不全化が招来されると考えられる。初回面接の最初の段階から先入観やあらかじめの意志が面接者に働いていれば、それは大きく分析的面接の方に傾くことになる。

鑑別面接における直感の出発点はこの「白紙状態」、「未決定の状態」である。そのほかのどの地点からも始めることはできない。この二つの時間的、空間的キー概念を統合して、以下「空無」と呼ぶことにする。鑑別面接者の直感はまずこの「空無」から始まる。白紙的、空間的空無であり、未決定的、時間的空無であろうと想定される。鑑別面接における心理現象的な場がそこに用意される。本論の趣旨からこの空無を「直感の場」と名付けても差し支えない。ただし、この直感の場は後述するようにしだいに満たされていき、空無とは別のものになってその役割を終える。この直感の場は、安易に概念化することもはばかられるような微妙な心理現象的な時空間である。

初回面接の場で、このような直感の場が形成され、直感は始動する。直感の場が形成されなければ、情報収集的、あるいは分析的面接が進むことになる。それはおそらく見た目には大差ないものととらえられるかもしれない。直感の場がもともとそのようなものだからである。これについては、後に実際の面接記録を材料に検証する。

③　一体化と二人三脚

次に二次面接の方に移る。ここでは面接者と被面接者の「心の一体化」という概念が問題となった。その際、面接者、被面接者それぞれにプラスの要因とマイナスの要因があって、それが一体化の原動力になっていると想定された。つまり、面接者には、プラスの要因として、「知りたいという積極的動機」があり、しかも「面接場面を主導的に統御できる立場」をもっていることである。だが、半面マイナスの要因として、「話題についての非当事者」であり、「面接話題における従属的立場」にある。他方、被面接者は、「話させられるという受け身の姿勢」があり、「面接場面では従属的立場」に置かれるというマイナス要因をもつ。半面、「話題についての当事者」であり、「面接話題における主導的立場」にあることがプラス要因である。一体化は面接者、被面接者それぞれのプラスとマイナスが引き合う結果として生じてきていると考えられる。ここには明らかに一つの関わりの心理事象的状態が生じているが、それは上述のような偏方向的なものである。片方には「関心の欲求」の要素が、また片方には「理解を求める欲求」の要素があって成立している。

それではこの一体化はどこで起こるのであろうか。もちろん心理事象的時空間で起こる。だが、それは面接者の側にもあれば、被面接者の側にもある。面接者の側の心理事象的時空間に被面接者の側の心理事象的時空間が重なってくるのか。それとも逆に被面接者の心理事象的時空間に面接者の心理事象的時空間が重なっていくのか。

ここで、「深まった面接」の項で抽出した別のキー概念を参考にする。一つは、面接者側に生ずる「自己意識の希薄化、透明感」である。いま一つは面接者側に生じてくる「二面性」、すなわち確固と柔軟、広大さと狭小さ、主体性と従属性である。そして、その結果とも言える「面接者、被面接者共通の未知の領域」と「二人三脚性」である。これらの諸概念を参考にすれば、前述の一体化は、面接者、被面接者どちらにも偏してはならないものであることを示している。二人三脚という言葉はその点ではきわめて象徴的で、その〈結ぼれ〉は内側のそれぞれの足なのである。このそれぞれの片足は、すでに述べた直感の場に属していることは明らかであろう。だからこそ、直感は働きうるのである。その場は透明であって（後に検討するが、この場が満たされてくれば、澄明さがそれにとって代わる）、確固としていながら柔軟で、大きくもあれば小さくもあり、主体的でもあれば従属的でもあるようなものである。

④　直感の場の変化

ここで、注意しておくべきことは、この直感的場での、空間的大小の感覚の消滅、時間的長短の感覚の消滅である。これは被面接者に対する関係でも同時的に起こる心理事象である。面接者の被面接者に対する感覚的受容性が制限される。これはユングが心理的タイプで述べていることと一致する。直感と感覚は並立的ではなく、対立的機能である。直感が強く働くとき、感覚は制限されている。だから、直感の場は大きいとも言えるし小さいとも言える。長い時間の経過とも言えるし、短い時間とも言える。そして、面接者は被面接者の表情や動作の部分的な動きにはとらわれなくなる。あたかも自分一人がそこにいるようでもあり、また逆に自分はいなくなってしまったようでもありうる。

このようにして直感の場は鑑別面接の場で機能する。一次面接、二次面接、深まった面接へと移行していく過程で重要なことは、この移行を通じて直感の場が変化することである。直感の場はこの節の冒頭で触れたようにいつも空無をその根拠としているわけではない。この空無が満たされていく過程が生じるのである。直感の働きがその結実をこの直感の場に蓄積していくのである。それと同時に、面接者は最初の「白紙状態」や「未決定の状態」から別の状態に移る。白紙には明らかな「着色」が始まり、それに伴って面接者は瞬間、瞬間「決定」を行いながら前に進む。そのとき、後述するように新たな空無が用意されている。

さて、ここで直感的面接についての試論構築の作業からいったん離れて、再び体験的素描に戻ることにする。直感的理解というものがどのように起こっているかについての素描である。

四　直感分析としての面接

①　直感的理解で起こっていること

ある段階に至って、ある契機から少年についての理解が一気に進み、これでほとんど全部が分かったという感じになることがある。理解が進むと言っても、段階的にそれが行われるわけでもなく、また漠然とそうしたことが起こるわけでもない。一つのテーマで話を進めていったときに、そのテーマの終局的な発展形態としてそれが現れるといったものである。そのとき、面接者は今までになく能動的になっていて、受け身的、受容的といったものではなく、目の前に姿を現しつつある何ものかに向けて注意を集中し、そこに話の焦点もしぼっていっている。些末なこと、枝葉末節的なものは切り捨てて、当座のテーマに関わる本質的な事柄だけが残っていき、それを材料にして話は展開する。面接者はこのとき被面接者の抱えるテーマにひたすら従属しながら、他方でその面接場面を今までになく主導的にコントロールしている。

しかし、そのとき疑問をもったり、探求したりする主体がいつでも面接者の側に一方的にあるというわけではない。少年自身が自らについて疑問をもつ段階にも至りうる。その場合には同時にそれが面接者の疑問ともなるわけである。

全面的に少年のことが瞬時にして明らかになるというのは、面接者の心が少年の心に重なった状態になったときである。その際、単に面接者が疑問を明らかにするのではなく、少年もまた自らの問題として何ものかを明らかにするということも起こる。これが直感的理解の一番深い段階のものである。少年自身が明らかにしたのだから、それは少年自身のことすべてを包み込んでいるはずで、実際そうであり、だからすべてが瞬時にして明らかになったように思えるのである。

面接の途中で、たとえば時間的な制約があって面接を切り上げなければならないようなこともある。その際、まだ直感的理解が十分得られていないとき、面接者は非常に落ち着きの悪い、気持のすっきりしない状態で引き上げなければならない。

しかし、引き上げてしばらく時間が経過して鑑別結果をまとめようとした場合に、思った以上に書けることがある。面接時に何かやり残した感じがあり、不充足感があり、まだ腑に落ちないところがあったのに、事情が変わってきている。いざそのときになってみると意外と状況は把握できていて、一応それをまとめ上げることができるといったことがよく起こる。何かしっくりしていないのだが、いざ書き出してみると意外と多くのことが分かっていたと思える。まとめるときに不十分なまま手抜きをするということではない。

面接時にはあんなにもまだ面接が必要な感じがあったのに、その必要性がほとんどなくなっているのに気づくのである。ここには直感的理解のあり方が端的に示されている。面接時には直感的理解というものはある瞬間に全体的に把握されるように思えるが、実はそうではない。直感的な理解はそのような瞬間が来るまえにもすでに密かに進んでいて、ある瞬間にそれに終止符が打たれるという感じがある。だから、今述べたように最後の終止符が打たれずに、腑に落ちない感じがあっても、それまでの経過のなかで直感的理解は進んでいたのである。それに基づいて鑑別結果をまとめることが可能なのである。

こうしてみてくれれば、直感的理解というものが見かけは瞬時に分かるような形は取っていても、実は幅や深みのあるものであることが分かる。その幅や深みのなかで、少年と面接者の二つの意識は前を行ったり後を行ったり、また深く沈んだり浅く浮かび上がったりもしている。

② 直感的理解の進行と変化

前述の体験的素描を通して、いくつかのキー概念が生まれている。それは直感的理解の態様と仕方に関するものである。直感的理解の進行とともに、「注意の集中」と「本質への集約」が特徴的に起こってくる。それは直感の場の特殊性の中で起こっていて、その場の変化に対応して「能動性」が強まる。「能動性」は直感の場での「疑問」と「探求」の両輪で促進される。

また、直感的理解の仕方には二つの種類がある。一つは、ある瞬間に「分かった」と意識化できるものである。いま一つは、持続的に進行していて意識化できないもので、後で振り返ってみて初めてそれと分かる理解である。そのどちらもが直感的理解である。これを取りあえず「瞬時的直感」、「持続的直感」と呼んでおくことにする。これはおそらく別のものではなく、両者が補完的に働いているものであろう。瞬時的直感は持続的に繰り返されており、持続的直感は瞬時的直感の集大成なのであろう。

前述した直感の場の変化は、面接時間全体の中で起こっているものととらえられた。しかし、今述べた論からすれば、それは瞬時的なものであって、直感はそのつどこの変化を繰り返していると考えることができる。

③ 結　論

直感的面接とは、空無としての、つまり面接者側の白紙状態、未決定状態を基盤として出発するものである。それが「直感の場」として設定される。面接を重ねるうちに、面接者と被面接者の間ではそれぞれのプラスとマイナスの要因が働いて一体化が促進される。これは前述の「直感の場」で起こる。そのとき「直感の場」に変化が生じ、一体化の実りとしての蓄積がこの場でなされて、着色化、決定化が進む。直感はこの新たな着色、決定を根拠にし、しかも新たに生み出された空無を基にさらに面接を前に進める。「直感の場」に新たな疑問と探求が組み込まれ、「注意の集中」と「本質への集約」の形で能動化が促進される。そのような進行を通して面接者には明確に意識化されないままに直感的な理解が進み、最後に意識化された直感的理解に到達する。

五　面接事例による検討

以下、事例（「実際事例」に基づいた「架空事例」）に即し、直感分析への考察を主眼にこれまで述べたことを検討する。

①　初回面接

初回面接には、すでにある資料（少年の記述したもの、あるいは他職員の作成した少年簿）に沿って進める場合と、まったく資料なしの状態から始める場合との二通りがある。後者の場合には情報収集の意味合いが濃くなるが、ここでも直感は始動する。実務的には前者のケースが多いので、以下それに焦点を当てる。

資料は通常、家族欄から始まっている。したがって面接のスタートはここから入ることが多い。家族構成についての問いかけである。親の職業や家庭での状況、ならびに少年に対する態度、兄弟姉妹の状況、別居者の情報等についての話題から始まる。

この時点からすでに直感的面接特有の状態が生じている。その特徴は面接者がほとんど予備知識、先入観をもっていないことである。目の前の少年を事細かに観察するわけでもない。とりあえずは感じ取っているだけである。問題なのは目の前の少年ではなく、ここに用意された一つの「空無」の方である。

たとえば父親の職業について聞く場合にしても、単に少年の父親というのではなく、一つの「空無（目の前の少年の代替として用意される直感的場）」というありようの非人称の「少年」と父親との関係に関心が向く。父親に直接関心が向くわけではない。父親は家にいないことが多いのか、そうでないのか。それによる「空無」の関係としてのあり方の方に関心はある。目の前の少年の父親にではなく、「空無」の関係としての父親に関心がある（正確を期するために、あえて回りくどい述べ方をしているが、要は、父親とか少年とか家族全体の部分に限定されるのではなく、家族の全体性との関連で少年をとらえるということである）。

ここではまだ「何もない」者としての「少年」の代替者が問題となっていて、家族はそれとの関係で現れる。したがって質問は比較的長い間《ま》を置いてなされることが多い。単なる家族についての事務的な質問であるのなら、間は短くてすむであろう。特定の家族に面接者が個人的興味をもてば別だが。

当の問題は「空無」の方にあり、そこに実体をもたらしたい欲求から直感的面接の質問は起こっている。一見同じように質問していても、単なる情報収集あるいは分析的面接の場合とは面接者の心で起こっていることは基本的に違う。

直感的面接は「すでにある目の前の少年」に付加するための情報収集でもなければ、それに関する分析的問いかけでもない（分析の場合はおおむね後になってなされるから、問いかけは時間的に手早くなされるのが通常であろう）。直感的面接のスタートにおける問いかけは、あたかも重い車輪の回転のようにゆっくりと、あるいはよたよたとしている。ここには「何もない」からである。

たとえば、父親の生活について聞く。それを聞いてそのつど面接者は納得する。とりあえずはそれだけでいい。「空無」が一つ満たされる。父親が家をあけて「少年」にとって一時的に父親不在となることはないらしい。

同様に母親の仕事の方にも話題が移る。ここでもとりあえずは母の生活ぶりを知りたいのではない。母親がこの「空無」にとってのどんな母なのかに面接者の関心がある。その関心はこの「空無」に足を置いている母のことであって、母そのもののことでもなければ、厳密に言えば目の前の少年の母についてでもない。

次は、弟の話になる。面接者の思いつくままに質問が続く。これは情報を収集しているのではない。また分析のための資料収集をしているのでもない。質問と回答の微妙なニュアンスを通して、「空無」が徐々に満たされていく。だから、ここではメモを取る必要も少ない。面接の目的がそのことにないからである。

柔道の道場に通い始めたという話が出る。そのきっかけを聞く。父に促されたらしい。面接者は次々と生まれる「空無」に対峙しながら関心をバネにして問いかけ、あたかも彫刻家のように「空無」を少しずつ満たしていく。この働きは創造の行為に似る。

家庭でのしつけのしかたについて聞く。面接者の「閃き」的な関心に沿って、被面接者の的確な回答がつづく。被面接者の方にも固有の関心があるはずで、それが強くなった場合にはそれをだらだらと続けさせるか、こちらの関心に引き寄せるか。これは面接時間との相談である。

友達に暴走族に入るように勧められたとき強硬に断ったエピソードに時間を費やす。その人らしさの強く現れているテーマの面接内容では多くの時間がかかる。「空無」を満たすに格好の材料がそこに多く眠っているからである。

この面接のハイライトは、高校進学後すぐにファミリーレストランのアルバイトを始め、その方に生活の比重が傾き、二学年に進級できなくなり留年したことである。

アルバイトの様子についての質問がつづく。放課後は交遊に時間をつぶすことの多い一般的な非行少年を多く見てきている面接者にとっては、もう一つこの被面接者が四時間も働く動機が合点できない。まだ「空無」のままになっている部分について「問いかけ」と「回答」の折衝がつづく。その過程で被面接者が小学校時から父の影響で料理に興味があったことなどの副産物も収穫される。

遠距離通学をしているので、地元では交遊があまりないことも明らかになる。テレビを見るとかファミコンをするとか一般的な余暇の過ごし方にもあまり興味はないらしい。

この被面接者が当時遊ぶことよりも働くことの方に興味を強くもっていたという、この人の核心の部分が摘出される。この少年が少年鑑別所の入所少年の多くとは異質で、この核心の部分にこの人らしさがあったのである。「空無」はそのような方向で満たされる。あらかじめこの目の前の少年を「少年鑑別所に入った少年」という事実に従って見ていた面接者、あるいはその種の先入観をもっていた面接者はここでおそらくつまずくであろう。直感的面接を進めている面接者はこの障害を難なくクリアできる。問題は常に直感の働いている場としての「空無」だからである。

そのあと、二学年に進級できずに留年した問題に及ぶ。面接者は、この被面接者の初めての問題的事実に出会って身構える。ここには核心となる何かが眠っているはずだと分かるからである。

その段階では被面接者は十分心を開いている。単に自分の関心で話すだけではなく、面接者が常に意識している「空無」の方に感応してきている。被面接者もこの「空無」を満たそうと協力してくれている気配である。面接者はその手応えを十分感得している。ちょっと水を向けるだけで、留年の事情を分かりやすく、簡明に、しかも実感的に説明してくれる。分析の要はない。被面接者が自ら分かっている部分についてその役割を果たしてくれる。

面接者に合点できない部分も出てくる。嘘をついている気配はないが、かっこうよく話そうということはあるかもしれない。進級試験に合格できなかったことが、今の世の高校事情では面接者には納得がいかない。知能検査の結果に当たってみれば、ＩＱは普通域である。それでその点の問いかけがさらにつづく。

被面接者はその学校の厳しさを説明し、さらに面接者の側にある「空無」を満たそうと普通教科と専門教科の別を持ち出して説明してくれようとする。どうやら専門教科がクリアできなかったらしい。

それでも面接者はもう一つ釈然としない。この程度の能力の生徒がちゃんと授業に出ていても、進級試験に合格できないということがあるのだろうか。この「空無」が満たされなければならない。それでさらに問い詰める。その過程で、高校では学業成績によってはアルバイトが禁止事項になっていたことが遅ればせに明らかになる。禁止事項になっていたアルバイトをあえて行ったこと、しかもそれによって一年留年し、さらには中退という代償も払ったこと、これこそがこの事例の一つの核心である。

初回面接ですでにその核心に近い所に接近できている。その核心は「働くこと」である。そのあとの中退のてんまつでも常識的に考えればなかなか合点がいかない事実も、その核心をとらえたあとでは了解はスムーズである。核心の部分の収穫はそれまでの「空無」を一挙に満たしてくれる。これが直感的面接の数多くある利点の一つである。

そのあと中退後の生活、本件非行のてんまつなど初回面接はそれまでと同じように進んでいく。

② 二次面接

二次面接では初回面接で扱っていない事項について、あるいは扱ったが十分触れなかった事柄について話を展開する。また、その人らしさのよく出ているテーマ、あるいはその事例の問題性が凝縮しているテーマについて話を深める。この事例では、高校中退、交遊関係、事件の状況が主なテーマである。これらについては、初回面接でも触れているが、面接者側にはなお疑問点が多く、それが新たな「空無」を生み出している。

高校中退の経緯についての質問がつづく。一つのテーマで話は時間をかけて行われる。直感の場が新たに設定され、その「空無」を満たす作業である。すでに初回面接においてこの目の前の少年の代替となる「空無」は満たされてきていて、その像もはっきりしてきている。それを基にして新たな直感の場（高校中退、交遊関係、本件などの「空無」）における充足の試みがなされる。

すでに獲得されている像の明確さから、問いかけはより積極的、直接的な方向に傾き、矢継ぎ早になされる傾向もある。単なる分析や情報の収集であれば、問いかけは並列的で、項目別的になろうが、直感的面接では、一つのテーマの下ですでに獲得された像を媒介とし、被面接者、面接者共々にその直感の場（時間）を生きなければならない。そこでの時間の経過は連続的であることが必要である。

「空無」は単に個別のそれが満たされるのではなく、一つのテーマの下に集約される関係的な「空無」である。それで問いかけと回答がつづく。面接者がテーマを主体的に選び、目指す目標も自分のものとしている。他方、被面接者は何を質問されるのか不安を抱きながらも、その話の内容はまだ自分のこととして知っている事柄についてである。そのレベルの二次面接である。だから、話のテンポが速いのが特徴的である。

父と一緒に学校に行って先生と話し合ったことがつづく。話し合いの進行は不調で、「もうやめてくれても結構だ」というようなことも先生にそれとなく言われたらしい。

面接者は高校中退に関する「空無」を満たし、了解する。単に少年がやめたくなってやめたというのではなくて、先生の方が暗にやめてくれてもいいみたいな感じで言うのでやめたということであるらしい。学校側が引き止めていたらあるいは話は変わっていたかもしれないかどうかを確認する。強制退学や自主退学にも様々なニュアンスがあることを面接者は知らされる。面接者と被面接者の一体化の中で、その経緯が互いに実感的にとらえられる。被面接者の方も過去の生活史の一場面を再び生きながらその当時の思いをよみがえらせる。被面接者にとってそこには再発見もあるし、新たな発見もある。それはそのまま面接者のものともなる。面接者と被面接者の一体化は、単に説明するだけのことではなく、時には告白するような形になることさえある。女の子との関係の話に水を向ければ、文字通り水が流れるように問わず語りの話が出てくることもある。

面接者は親子関係の話に沿いながら、次のテーマに移っていく。次の「空無」に向かう。女の子と遊ぶ場での被面接者の像がもう一つ結実してこない。それで当事者にそのあたりの事情を語ってもらう。ここまで来ていれば、被面接者の語りはきわめてスムーズである。ここには分析はないが、被面接者の語りそのものが分析の体を成す。分析は直感の場に吸収されている。

この段階で面接者は被面接者の異性交遊に関心を密かに抱いている。被面接者にも面接者の抱える「空無」のありようが感じ取れていて、あたかも二人三脚のように共に前進する。この直感の場はけっして独り面接者のものではなく、被面接者のものでもある。

面接者の関心は一つの収束を見せ、次の段階に進む気配で、新たな直感の場が探られる。その際でも、関心こそが舵棒となる。性の微妙な話題になっても、心の戸が閉ざされることはあまりない。

面接はこのあと、本件非行の窃盗によって手に入れた金で一か月遊ぶ話に移るが、そこでの話も開放的である。モテルに行った話についても面接者が聞けば細かく話してくれる。被面接者の方はこの面接が情報収集や分析のようなものでないことを肌で感じ取っているから無防備なのである。

問いかけているのは常に面接者だが、他方話題の当事者として回答しているのは常に被面接者の方であって、そのプラスとマイナスが互いに補い合いながらこの面接を前に進めている。直感の場を埋める作業の主体は「結ばれた二本の足」である。

以上の展開は、次のテーマである本件非行の場面の「空無」についても同様である。ここではすでに分析は要らないのである。あたかも直感の場がブラックホールにでもなったように、すべての真実が向こうから勝手に飛び込んできてくれる。面接者はただ面接の推進力となる関心の炎を燃やしつづけること、直感の場としての「空無」を常に用意しつづけること、この二つのことを心がけていればよい。

③　直感的面接と分析的面接の比較

直感的面接と分析的面接との対比については、これまでの論述を通してすでに触れてきているところである。そこで、ここではまとめの意味も含めて表にして掲げる。すでに述べたように、この二種の面接には本質的に差異はあるものの、実際の臨床場面ではその境界については紛らわしい部分がある。したがって、表示にあることは便宜上のものである。

表1 直感的面接と分析的面接の対比

面接の特徴	直感的面接	分析的面接
把握態様	* 内から知る * 全体と部分の関係把握 * 一体化 * 生きているまま * 白紙・未決定 * 非概念性 * 関わり * 空無を満たす（創造的）	* 外から知る * 部分的把握から合成へ * 対象との距離 * 対象物として * 予備知識 * 概念性 * 観察 * 対象を構成する（実証的）
手段・方法	* 無媒介的（直接的） * 体験的	* 媒介的（間接的） * 操作的
時間経過	* 未来志向的 * 連続性 * 柔軟な伸縮	* 過去志向的 * 断続性 * 固定的
問いかけ	* 系列的 * テーマ中心 * 柔軟・ひらめき	* 並列的 * 項目別 * 冷静・計算
目標	* 問題解明＝問題解決 * 連続的	* 問題解明＞問題解決 * 非連続的

第二節　「課題作文の読み」と直感の働き

一　作文分析法としての「課題作文の読み」

少年鑑別所では、入所少年にいくつかの一定の課題を与えて自由に作文を書かせることを、鑑別のための作業の一環として採用している。課題作文と呼ばれる。たとえば、「私の家族」、「私の生い立ち」、「非行の原因」、「私の職場」、「忘れられない出来事」、「大人について」、「異性とのつきあい」等々の課題である。これは、心理検査の範疇には入っておらず、意図的行動観察と呼ばれるものの一つである。意図的に場面設定をした上でその行動なり作品なりを観察するという意味からそう呼ばれている。課題作文の分析を行動観察と呼ぶのも奇妙なことだが便宜上そうなっている。たとえば家族画もそのように扱われているから、作文だけが継子扱いされているわけではない。

これから述べようとすることは、この課題作文が鑑別資料として不当に隅に追いやられていることを憂えてのものである。鑑別資料としての価値の置かれ方において、課題作文は実務上心理検査との格差が大きい。描画関係でも描画テストと呼ばれて光が当てられ、心理診断法に格上げされてきているものもある。このような格差はいったいどうして起こってきてしまっているのか。それが本節の執筆動機であり、問題意識である。いわばこの小論は作文分析法の擁護論である。

課題作文が鑑別資料として前記のように扱われている理由ははっきりしている。その要は、作文分析がその固有の特徴から心理検査法としては確立されがたいことにある。しかし、これから論じるように、筆者にはその特有性こそが鑑別資料としてかけがえのないものと考える。

「絵を描くこと」と「文を書くこと」とは人間の営為としては兄弟みたいなものだが、心理診断法としてのこのような格差はいったい何なのか。なるほど絵の方は視覚性が強い。文の方は視覚性があるにしても、それが主ではない。だが、その文にしてもそれは目に見えないわけではなく、現に目の前に文字として定着されている。文には絵と違った複雑さがあることは自明だが、ただそれゆえのみで毛嫌いされている点はないか。その点についてもこの小論で探りを入れてみたい。

「文章」の本性がもつ複雑さは、〈書き〉および〈読み〉の行為における複雑さにその原因がある。視覚が主な働きをなす「絵」との相違はそこに明らかで、作文分析に関してはまずこの基本的な問題に取り組まなければならない。広範な領域である。そして、当座問題とするのは非行少年の書いた作文についての分析である。次いで非行少年の書く作文の特殊性についても考察しなければならない。そこにある書き行為の特殊性である。そして、最後にようやくその本来の目的である、作文の読み行為の問題に入っていくことができる。

ここでの作文分析では作文は単に読まれるのではない。その書き手である非行少年の心なり、精神活動なり、あるいはその生活ひいては非行の心的メカニズムなりに接近することを目的とする読み行為である。あらかじめ仮説的に述べれば、この読み行為の方法として次の三つのものが想定される。

ａ．情報の読み取り
ｂ．記号論的分析
ｃ．直感による読み取り

ａについては、前述の意図的行動観察の一環として現になされているものである。ｂについてはまだその体系化がなされていないが、この領域への記号論的な接近法は、非行問題についての新たな知見を予測させるものである。そこでは、言語そのものへの哲学的あるいは記号論的な深い探求の試みが実証的科学性の力を借りて多くの犯罪心理学的な実りを約束するであろう。そして、最後に、ｃである。これについて、以下詳述する。

前節の「鑑別面接と直感の働き」についての考察で述べたように、直感の機能はひとり鑑別面接のみに特徴的に働くものではない。ここでのテーマである作文の読み行為、特に心理診断的な読み行為においてはきわめて重要な働きをなしている。本項で目指すところはこの点に関してである。作文分析法のうちの「直感による読み取り」に焦点が当てられる。前節においてもそうであったようにここでは作文分析がテーマとなっているが、テーマは二重構造になっていて、隠されたテーマは直感の問題である。その意味では、この小論の試みは直感についての新たな探求であると同時に、「鑑別面接」について展開した直感の理論についての検証でもある。

二　文章の読みにおける「直感」

ここでの基本的な方法は、鑑別面接の場合と同様に筆者自身の臨床的な体験に基づく推論である。直感については、研究史的には過去さまざまな論究がなされてきている。たとえば認識や思考の方法として、あるいは芸術論の立場としてである。直感に関するこのような時代的推移を思うとき、心理学の各領域でこれらの問題に積極的に、主体的に立ち向かうことは現下での当然の義務と考えられる。

直感の概念規定については前節でも明確にしていないが、ここでもその立場を取る（この文章の執筆時での状況）。前述したようにさまざまな先人が直感を取り上げ、それぞれの直感論を展開している。直感そのものがなかなか明確にしがたい概念であるから、それぞれにおいてニュアンスが違っている。その理由の一つは、それが純粋科学の枠を越えるところにその源を持っているからであろう。だが、そうでありながら他方において、それは現に人間個々の生活の場で今ここにあるものとしてとらえられる。概念内容の多様性はそのような背景からも生じている。

直感はもともと同一のものであるにしても、事象としては、たとえばベルグソン（H.Bergson）の直観をはじめとして、[2]フッサール（E.Husserls）、ハイデッガー（M.Heidegger）、メルロ・ポンティ（M.Merleau-Ponty）、ジル・ドゥルーズ（G.Deleuze）などそれぞれの直観は、それぞれの事象の中での差異を含んでいる。ただそこで言えることは、このような先人の努力の下、時代の経過とともにそのあいまいであるものの姿がしだいに明確な形を取り始めていることである。

直感は現にあるものであり、同時に生まれるべくものとして未来への扉を開いて生まれつつあるものである。それゆえその姿を早まって明らかにせず、そのあるがままの姿を、その生まれるままの姿として個々の場で取り扱うことが必要である。したがって、ここで扱うのは筆者の個別性において体験している直感である。

前記のような理由から、ここでは思弁的な記述をする場合でもできるだけ実際の作文の読み取りから離れないように心がけた。また、文章の書き行為および読み行為についての基本的考察についてもそのように心がけた。あわせて、書き行為と読み行為が先鋭的に現れるＳＣＴ（文章完成法テスト）をも援用して考察の材料とした。また、非行少年の書いた作文の特徴については実際の体験から考察した。また、前節と同様、最後に実際の事例を取り上げて、その課題作文に当たりながら試論を検証する方法も引き続き採用した。

すでに述べたように作文分析法という観点からは三つの主たる方向が想定され、「直感による読み取り」とは別の二方法にも言及した。

三　課題作文の書き行為

作文分析の本来的始まりは、少年が書くことにある。分析のための時間は、それが作文分析であるかぎりにおいてすでにそこから始まっている。最初にその書き行為の特徴を、筆者自らの書き行為の体験に重ね合わせて確認しておくことにする。

課題作文における書き行為は、課題に対する反応としてのそれである。これはSCTにおける刺激文と反応文の関係に似ていて、その関係はSCTの方で先鋭化する。だが、書く方向が縛られていることでは両者とも同じである。前者においては、書き行為を限定する縛りとして課題作文固有の様相が現れる。

縛りの一つは書く方向が定められることである。自由題という課題でなければ、その宿命がつきまとう。「何を書いてもよい」と指示されるが、書きの方向は定められる。このあいまいさが課題作文（SCTの場合も同じ）の宿命である。刺激に対する反応でありながら、あるいは反応であればこそ、書きの主体性が半減される。SCTでは、まさにその特徴こそが心理検査としての命綱となっている。

だが、課題作文の〈課題〉にはSCTの刺激語とは違う独自性がある。それは一つの刺激であるにはちがいないが、書きの内容の方向づけはもっとはっきりしていて、それだけではなく書きの質にも縛りをかけている。「家族について」という課題があれば、少年はこの課題について、SCTの反応文がそうであるように何をどのように書いてもよいというものではない。

家族のこととは少年の家族のことであり、抽象的な家族のことでないことは暗黙の了解事項である。少年は自分の家族の、あえて言えば報告を求められている。ここで言う反応とはそのような質のことである。求められているのは第一に情報であるとおおむねの了解事項がここで取り交わされる。描画とは質を異にする文章の担う宿命である。描画にも伝達の要素がないわけではないが、もっと多くを負うのは表現の方である。

作文分析法の限界がここに一つある。だが、限界は裏返せば一つの固有の手段となることも考えられる。報告とか伝達とかで表される作文の本質は、また具体性というもう一つの本質もそこに付加する。少年は抽象的な家族ではなく、自分の家族のことを書こうとするのが一般的である。そこで生きていたものとして、現にここに生きているものとして、家族をとらえて少年は書き始める。

「青春」とか「社会」とかいった抽象的な課題であっても、少年たちは具体的な事柄に引き寄せて書こうとする。だが、この種の抽象的課題名については、「直感による読み取り」ではその収穫が限定される。課題作文として好ましい課題名の与え方ではない。「直感による読み取り」では、具体的な課題名の方が診断資料としての効果はより大きい。

課題作文における反応としての書き行為は前記のようなものである。それは第一には報告であり、伝達である。少年たちの多くはそのようにして書き始める。そして、実際、報告として冷ややかに伝達するようにその務めを果たす少年も多い。だが、同時に書き行為のもう一つの本質である表現の魔術に少年が多かれ少なかれとらえられれば、その書き行為の内容となる具体的事実に則して彼は言葉と文とともに生きることを始める。

その具体的事実内容は少年にとって自らが生きていたものであるし、現に今も生きているものであるから、その移行は円滑なはずである。表現をその主要な本質とする描画以上に、その書き行為が〈生きる場〉を少年に提供することは十分考えられることである。

書き行為には言葉と文の記号としての外形にしかその具体性がないから、書き手自身が精神世界で具体的に生きることを強いられる。描画が色と形で明確に具体性を用意してくれているのとはそこに明らかな一線がある。この一線は課題作文にとっては一つの限界であると同時に、越えるべき障害として活性化の働きもなしている。

今述べたことをもう一つ別の視点から考察してみる。一般に書き行為と呼ばれるものにおける「書く」ことと対象との関係のもつ特性についてである。それはおおむね、次のような三つのものに集約される。

a．比較的明確な形と内容をもっているもの

b．形も内容もあいまいで不明確なもの

c．対象がないか、潜在しているか、隠蔽されているもの

ａについては、今まで述べた〈報告〉と〈伝達〉に関わってくるもので、その典型的なものは新聞記事に見られる書き行為である。すでに述べたように、非行少年に対する課題作文の基本にはこのことが据えられている。これはその当初から心理検査を目指していないし、情報の収集を目的としている。それは一つの限界をこの方法に与えるが、半面、ほかの心理検査にはない〈生きた具体性〉を付与する。少年は、〈言葉と文〉（＝形式）の力を借りて、〈具体的な生活〉（＝内容）の中を、精神的に生き、あるいは生き直す（＝時間）束の間の人間的営為を行う。ａの段階においてすらそうである。ましてや、ｂやｃの段階においてはなおさらである。

少年達が実際に課題作文に取り組むとき、その書き行為の対象はそれほど明確でないのが普通で、むしろｂの段階に近い。前述したように課題作文は当初心理検査というよりも情報収集の手段として出発した。しかし実際は、後に検討する〈非行少年の特殊性〉と〈鑑別の一環としての特殊性〉が重なって、それを単なる〈情報収集の手段〉以上のものに仕上げている。

その背景には、一つには少年たちにとってこの書き行為の対象がはっきりしない（それが非行性そのものの特性である。これについては後述する）という事実がある。また、もう一つには、この課題作文は学校で書く作文とは違った意味をもつ作文であることが、少年鑑別所という一種の極限の場で演出されるからでもある。

少年たちは多かれ少なかれぎりぎりの精神活動の中で告白に身を任す。この書き行為は、この点で「報告」や「伝達」の位相から「告白」あるいは「独白」の位相へと移行する可能性がある。だから、この書き行為はさらに先に進んでｃの段階にも至りうる。

そこでは書き行為の対象というべきものが希薄になるか消えるかして、代わりに「意味の産出行為」としての特徴が現れる。言ってみれば、「新聞記事」のタイプの文から「詩」のタイプの文に近づいていくこともありうる。別の観点からすれば、これはＳＣＴの拡大版、拡張版とも言えるものになる。少年はその書き行為において、自らにとって不分明な世界に入って行く。言葉と文の恩恵に助けられて、少年はそれぞれの程度の「精神の活性化」を繰り返して前に進んで行く。そこでは表現技術の巧拙も表現能力の優劣も大きく包摂されて、生きている精神の〈生〉だけが問題となってくる。

四　課題作文の読み行為

課題作文の読み行為とは、多かれ少なかれ〈出会い〉である。前項で触れたとおり、課題作文の書き行為は、その当初の目的である「報告」や「伝達」の要素から始まって、「告白」や「独白」の要素へと向かう深化の一過程がある。課題作文それぞれがこれらの位相のどこかに自らを定めていく。これに対応して、読み行為においても同じような位相が認められる。すでに課題作文の読みの方法として掲げたものがそれである。すなわち、①情報の読み取り、②記号論的読み取り、③直感による読み取り、である。

この三様の読み取りの方法には明らかな本質的差異がある。通常の読み行為で、これらの方法を使い分けることはよほどの訓練がなければ困難である。また、②の記号論的読み取りは、ある種の専門性の中で行われる方法であり、一般的な読み行為ではない。

書き行為の各位相に対応して読み行為の各位相があると言っても、その関係において読み行為が柔軟に変化するというわけではない。報告や伝達、告白や独白、いずれの位相においても〈情報の読み取り〉は可能である。〈記号論的読み取り〉も〈直感による読み取り〉も可能である。そこで差異が生ずるのは、出会いの要素においてである。最も淡白な出会いは〈報告・伝達〉と〈情報の読み取り〉の組み合わせであろう。逆に、最も濃密な出会いは、〈告白・独白〉と〈直感による読み取り〉の組み合わせであろうと推論される。

以下、読み行為の出会いで起こっていることについて述べる。

出会いは一つの関わりである。「文」と「それを読む者」との関わり、「反応文」と「その文の解釈者」との関わり、「書いた人」と「読む人」との関わり、「書かされた人」と「その書き行為の証人」としての関わりなど、態様はさまざまである。そこで起こっていることは、今述べたような状況を複雑に含みもって微妙である。それで、とりあえず細部にはあまりとらわれずに体験的な素描を試みる。課題作文のみならず、その先鋭化としてのＳＣＴの場合の体験もここでは参考にしている。

この最初の出会い、最初の関わりにおいていったい何が起こっているのであろう。そこでは何が読まれていて、それがどのように読まれているのであろう。

文章は肉筆で書かれている。まずは、その書体がそれを書いた者の存在の雰囲気を読む者の方に運んでくる。文の表情はまずそこに現れている。心を働かせて読む者は、まずそれを心で受け止める。それは単なる文字ではなく、形として表情をもっているから、ワープロや活字による文とは違う。そこですでに出会いが演出される。

書いた人の息遣いや体温のようなものが多かれ少なかれ感じ取れる。ワープロや活字の場合でも基本的には同じだが、この最初の段階でこのような生きた関わりに入っていくことはなかなか難しい。視覚が邪魔をして、記号化した文字の無表情に読む者はつまずいてしまう。

読み行為は視覚が頼りでありながら、その視覚がかえって出会いの妨害にもなる。出会いの入口において視覚は重要だが、出会いはすぐに視覚とは別の方向に進んで行く。ここに絵画における出会いとの違いは顕著である。

絵画では出会いはいつまでも視覚のレベルに留まるが、文章では視覚は主に出会いの入口の所で働く。もちろん、その後でも出会いの入口は出会いの新鮮な繰り返しとして、そのつど瞬間瞬間現れる。しかし、文章の読み行為では、視覚は継起としてそのつど出会いの作業を別のものに譲り渡している。

現に読む者は出会うために瞬時のうちに文字の向こう側に行こうとする。視覚は書かれた文字の記号としての形とその表情を読み取ればそれで用済みで、その次の段階ではそれは邪魔にさえなる。ワープロや活字では、記号としての読み取り以外には視覚の機能は少なく、ここでの読み行為はただちに文字の向こう側に出会いを求めて行くことが求められる。ワープロ原稿の診断的読み行為の難しさがそこにある。だが、直感的読み取りに習熟すればその限りではない。

文字の向こう側に行くことは瞬時になされることである。最初は目が文字を読む。だが、瞬時に、あるいはほとんど同時に目とは別のものの働きが加わる。それはこの行為が絵のような〈見る〉ではなく、〈読む〉であることの実相である。

見る者は、目で見るから目から自分が離れることはない。だが、読む者は目と〈非・目〉で読むから、そこに隙間が生まれ、そこに自分を失う。自分を失って早々と文字の向こう側、（非・目の世界）へ行ってしまうような感じがする。読むことの出会いは文字の向こう側にあるから、読むことに出会いを求めて読む人は自ずとその方向に向かう。文章の中に情報のみを読み取ろうとする人でさえ、それが本質的に読む行為であることから、瞬時のうちに文字の向こう側に行くことを強いられる。だが、その人たちは出会いを求めていないから、いつも目の方にすぐ帰ってくるし、と言うより読む行為は目とともに進むから、自分を失う感じは少ない。

前記の点は、記号としての文字が担う意味の観点からさらに考察される。前記のように〈読む行為〉に二つの位相が想定されることの反映として、意味もまた二重化している。

情報としての意味は文字とともに、あるいはそれに比較的近く接するようにある（あるいは逆に遠くに別のものとしてあると言った方がよいかもしれない）。だから、それを読もうとする者は文字とその程度の皮相さ（固定的な仕方）で関わることによって読む。だが、読み行為に出会いを求めようとする者は、そのような〈意味〉とは別の〈意味〉をより深い場所（より浅くなのかもしれない）で求めている。これを、とりあえず「出会いとしての意味」と名づけておく。そして、前者を「普通の意味」と名づけておく。

出会いとしての読み行為、つまり「出会いとしての意味」を求める読み行為において実際に起こっていることは、さらに微妙、複雑である。読む者は、もちろんそこで「普通の意味」を求めていないわけではない。多かれ少なかれ「普通の意味」を求めている。ただし、そこに主眼がないことでその方の意味の読み取りは副次的である。とは言え、その段取りを踏まずには次の段階に進めないことではそれは不可欠な営為である。

読む者は「普通の意味」の読み取りを進めながら、「出会いとしての意味」の読み取りの方向に向かっている（それは実際には同時進行的なものであろう）。そこでは、「普通の意味」の読み取りは「出会いとしての意味」の読み取りの案内役をしているかのようである（ここでも実際にはこの二者は通常分離していない）。端的に言って、この営為は、日常的な意味を通り過ぎて（拡大鏡的に見れば、あるいは解析して見れば。以下同様）、あるいはそれと重複するように向こう側にある意味に到達しようとしているようである。

この営為には、視覚で色付けられる第一の門（入口）があって、それがまずこちら側と向こう側を区分している。また、さらにその奥にもう一つの門（入口）があって、「普通の意味」のレベルの領域と「出会いとしての意味」の成り立つ領域との区分をしている。これらの間には本質的な差異があるからこの区分は無視できないが、その互いの関係は複雑、微妙である。実際、それらは一つになっていて、層を成すと考えた方が事象に一致する。

直感は、この最後の層を直接目指して働くのであろう。奥に行けば、読む者はそこが向こう側であることの反映として自分を失う。読みながら自分を意識すれば、読む者はたちまちこちら側に戻ってきてしまっている。そこで自分を再発見し、その代償のように意味も失い、ただ形骸化した文字を見ることになる。逆に言えば、自分を失うということは意味を得るための代償のようでもある。

そして、後に改めてそのような状態にある自分を振り返ってみれば、〈読む者〉は〈書いた者〉のすぐそばに行っている〈自分の姿〉を回顧的に知ることになろう。そこでは出会いは真の出会いとなり、関わりは真の関わりとなっている。

文字の向こう側とは、それを書いた者の精神がかつて生きた領域、あるいは今現に生きている領域であると分かる。読む行為は、そこでその文が改めて読む者によって書き直されている行為のようでもある。それはかつてあった書き行為の核をそこに見いだすためのように。つまり、書き行為がもう一度繰り返されることを通して、読み行為が成立しているかのようである。だが、それは追体験ということではない。

そこでは時間が複雑になっている。とりあえず時間はここにないとしておこう。そのような特別な世界である。読む者はその文が書かれた位相に一気に来ている。すべては現在形である。「何か」が今ここに生きている世界である。ここでは情報の読み取りとか日常的な意味の読み取りとかいったレベルの行為とは別の読み取りが行われている。

前節の「鑑別面接」の報告で述べた「一体化」の事象がここでも起こっている。ここに本論のテーマである直感の本質的現れがある。直感はそのようにして働いている。

前記の記述は、SCTのような先鋭化された文章の読み取りで比較的はっきりしている。作文の中でも文章量の多いもの、表現豊かなものでは、「情報の読み取り」、「言葉や文章へのひっかかり」の要素が強まる。読む者は第一の門や、第二の門の前で立ち止まり、前述の一体化の世界にはなかなか入って行きがたい状況がある。「出会いとしての意味」が第一の門（言葉や文の外形、たとえば形と意味の未分化な文学的表現など）や第二の門（情報や日常的意味）の向こうに霞んでしまう。

そこにもまたその書き手の〈人となり〉があるにしても、真の出会いとなる〈人となり〉は、前述のような〈書き〉と〈読み〉それぞれの行為のうちでの一体化の中で浮上してくる。一体化するのは究極的には読み手と書き手であり、それこそが出会いの意味であり、そこに書き手の〈人となり〉が明らかになる。

上記の考察からすれば、直感的読み行為において求められている「出会いとしての意味」とは、書き手の側に本質的に備わる書き行為における「意味（核）」であると分かる。書き行為においてあったはずの本質的な「意味（核）」である。それは情報的な意味でも、日常的な意味でもない。そのような意味以前の「意味（核）」である。書く者の〈人となり〉に直結した「意味（核）」である。

「書く対象」の項で述べたように、その対象は明確なものから無形のものまで様々であり、特に非行少年の書く作文には対象があいまいになる傾向がある。だから、「出会いとしての意味」とは、「意味のようなもの」と言い換えておいた方がよいかもしれない。意味が生まれるときのそのままの何かである。直感的読み行為に携わる者は直感の力でそれに直接触れようとする。

実際の直感の働きについては、後続の「直感による読み取り」の項で改めて試論として整理し、また実際の事象に照らして検討したい。直感はいつでも前記のような分かりやすい形で起こっているわけではない。次項で検討するように読み取りの各位相は複雑に交差している。また非行少年の書いた作文にそれほど多くのものをいつでも期待できるわけでもなく、実際にはたいして直感の力を働かせないまま、つまり釣果のないまま引き上げざるをえないことも多い。

五　課題作文の読み取りの方法

①　情報の読み取り

これについては多くを語ることは要しないであろう。文章の日常的な読みはこれが基本になっている。文章で何が書かれているのか、その「何」を求めて読みは進行する。少年鑑別所で書かれている課題作文は、現在多くはそのようなレベルで活用されている。文学的営為としての意味を含まない〈課題作文〉とは、本来そのようなものだからである。だが、課題作文がただ単にそのような活用のされ方をしているとすれば、それは面接の代替でしかないであろう。作文に書かれていることの多くは、面接によってでも、むしろ本人の生の声で直接知ることができる。これが、現在課題作文の資料がファイル・ケースの中に置かれたままその宝が活かされていない理由である。そのような使われ方では、それはせいぜい面接の補助でしかない。だから、作文分析法としては、〈情報の読み取り〉は後述の〈記号論的分析〉あるいは〈直感による読み取り〉と結び付くことがなければ意味がない。

元より情報を読み取るだけの読み行為は、広く一般に浸透している普通の形である。文章の読みとはそのようなものだと心得ている人の方が実際には多いであろう。ただし、これとても二種類の形が想定される。一つは、純粋な情報読み取りである。極端にはコンピュータでも代用できるもので、そこでは言葉と文は記号化（固定化）する。いま一つは、世間話を文章で読むようなもので、その中に自分の知らない情報を探し求めることではやはり情報の読み取りである。いずれにしても、そこでの核は情報である。

ところが、文章は単に情報の乗り物ではない。この乗り物は、また文そのものでもあるし、文を書く人そのものでもある。文章における核は、一つには情報であるが、それはまた文そのものでも、人そのものでもありうる。文章における複雑さはここにある。文そのものが核となるとき、作文分析法としては〈記号論的分析〉が浮上してくる。また、人そのものが核となるとき、〈直感による読み取り〉が浮上してくる。だが、そのどちらの場合でも、情報はもう一つの核を成している。だから、〈記号論的分析〉も〈直感による読み取り〉も二つの焦点をもつ楕円状のものというアナロジーが成立する。

②　記号論的分析

「文は人なり」と言う。いま問題となっていることは、この命題に集約される。文学的な問題である。だが、すでに述べたように、文は文学的問題である以前に（あるいは以後に）伝達手段の問題でもある。前述の命題は、文＝人ということであるが、ここには情報の要素が欠落している。情報の要素を抜きにしては、この命題は成り立たない。詩ならばともかくとして、それが文である以上、その上には多かれ少なかれ情報が乗っているはずである。その上で、文＝人である。

情報の要素を抜きにしては、〈記号論的分析〉も〈直感による読み取り〉も、作文分析法としては意味を成さない。情報の内容を無視すれば、前者は単なる数式になってしまうし、後者は占いのようなものになってしまうであろう。このことを確認して、「文は人なり」という命題の抱える落とし穴に落ちないようにすることが必要である。

文は人なり、なるほどそうである。非行少年の書いた課題作文は非行少年の〈人〉そのものである。だから、非行少年の書く作文は大人の書く作文とはもちろん違うし、非行性のない少年の書く作文とも違う。文は人なのである。記号論的分析は、この前提、この事象、この仮説から入っていくことになる。これは臨床の場で確認できる現象的事実である。

非行少年の書いた作文の最大の特徴は、まさに「文は人なり」という命題がほかのどの種類の作文よりも自らに体現している傾向のことである。あるいは、こう言ってもよい。非行少年の書く作文は文学以上に文学的である、と。「〈非行〉を〈犯す〉〈少年〉の書く文章」だからである。

ここにはいかなる意味での範も乏しい。まず学校教育の枠内にある作文の範がここには乏しい。漢字が分からなければ平仮名で書けばよい。字はいつも自分が書いているような書体で書けばよい。書きたいことを書き急いで誤字脱字があっても構わない。書く意欲がなければ数行書いてやめてしまってもよい。本当は白紙で出したいが、教官が催促するので一、二行書いて終わりにすることもある。逆に心にたまりにたまったものがあって、いくら書いても足りなければ用紙なりノートなりを余分に請求してもよい。かっこうよく書きたければそう書いてもよいし、少年鑑別所に対する不満があればそれをぶつけてもよい。

これらは単に外面的なものだが、内面的にも範が乏しい。この子どもたちは非行を繰り返す人たちだからである。彼らの心性の本質は既成の枠を越えてしまうことにある。あるいは既成の枠を破壊することにある。それゆえに「文は人なり」の命題どおり非行少年に特徴的な心性はそのまま文に反映する。すでに述べたような理由でその反映のしやすさがその最大の特徴でもある。

彼らは無意識的に既存の言語体系、公式的な言語コードに無頓着か、あるいは異議申し立てをする。彼らの人となりの本質に根ざす文章が課題作文の中に現れる。それこそが彼らの書く課題作文の特徴である。

記号論的分析は、この大前提、第一義的事象、主要仮説を動機としてなされる。それは未開発の領域としてあるが、ここからは多くの新しい知見がもたらされるであろう。言語自身の抱える複雑性、あいまい性などの特質は、逆に最大の武器に変わるだろう。心理検査からもたらされるものとは別の多くのものがそこに期待できるだろう。そこに眠っている未発掘の宝を掘り出す可能性を秘めている有効な方法として記号論的分析法はある。(3)

③　直感による読み取り

「出会いとしての読み」とは〈直感による読み取り〉の別名であり、課題作文の読み一般についてはすでに概説的に述べた。ここではその記述の補足をしながらさらに考察を深めて、最後に〈直感による読み取り〉に関する試論をまとめたい。

前節で鑑別面接における直感の働きについて考察したが、ここで取り上げる〈課題作文の読み〉においても似たような特徴があることは、それらがともに直感の働きのことであるとすれば当然だが、その類似関係には一種特有なものがある。

鑑別面接を成立させているのは、

a．面接者による〈問いかけ〉

b．被面接者による返答としての〈語り〉

c．面接者による〈耳の傾け〉

である。これら三つの行為が、短時間の内の交替、あるいは同時進行の形で進められている。直感はその中で機能していた。

他方、課題作文を成立させているのは、

a．文の〈課題指定〉

b．それに基づく書き手の〈書き行為〉

c．読み手の〈読み行為〉

である。

〈課題指定〉を〈問いかけ〉と置き換え、〈書き行為〉を〈語り〉に、〈読み行為〉を〈耳の傾け〉に置き換えれば、その構造は鑑別面接と基本的には同じである。この両者の間にある主な差異は、時間的隔たりやその経過上の問題、および〈語り〉と〈書き〉、〈聴き〉と〈読み〉の違いであろう。

鑑別面接では、待ったなしの生きた現場がそこにあり、展開している。あらゆる事象の要素が瞬間瞬間のうちに飛び交う。一方、課題作文の読み取りでは、前述の三要素はそれぞれ〈課題指定〉、〈書き行為〉、〈読み行為〉として互いに分離されている。この三要素は時間的に連続していない。まずは課題としての問いかけがあって、それに応えて少年の書き行為が単独で、自由に行われる。次に、時を置いて分析者の読み行為がやはり単独で行われる。鑑別面接と課題作文の読みは構造において似ているが、細部の働きが違っている。だから、そこで同じように直感が働くにしても直感の働き方が違ってきている。

直感はもちろん課題作文の読み行為の中でも機能する。だが、読み行為単独では直感が働かないのは、前項の出会いについての考察に明らかである。この読み行為ではそこに言葉と文があるだけでは不十分である。そこにはまた書き行為が戻ってきてくれていなければならない。書き手の存在がそこになくてはならない。その状況での読み行為が出会いであった。

少年が課題作文を書くときそこにあらゆる種類の要素が注ぎ込まれることは明らかである。その結果として課題作文が残る。そこには言葉と文しかない。だが、そこに読み行為が加わるとき、そこにないはずの「かつてあったあらゆる種類の要素」が蘇ってくる。まさに〈読み返り（蘇り）〉である。直感はそこで働いている。直感を働かして読むときに〈読み返り〉は起こる。この〈返り〉は、〈読み行為〉からの〈書き行為〉への〈返り〉である。

実際の鑑別業務に戻ってみよう。少年鑑別所では判定会議が行われる。少年の処遇選択に関する意見決定の会議である。その際、そのメンバーには直接少年と面接していない者も加わる。彼は資料と担当者からの説明を頼りに自分の意見を決める。そのときに課題作文も一資料となる。その際、課題作文には独自の存在価値がある。もちろん、それを直感的に読む術を知っていて、その宝に気づいている人にとっての話だが。

結論的に言って、面接の代わりになりうるのは唯一この課題作文だけである。すでに述べたように、そこでは少年との生の、つまり生きた時間の共有としての体験が可能だからである。直接には会っていなくても、少年の存在のもつ肌触りを感じ取れる資料は唯一この資料である（ＳＣＴにもそれに近い効果は多少ある）。他の心理検査では、この種の肌触りは他のもの（記号とか数値など）に置き換えられ、抽象化されている。担当者の説明にしても、それはすべて担当者の言葉に置き換えられたものであり、そこに少年の肌触りを直に感じ取ることはできない。

課題作文を直感に基づいて読んだときに得られる収穫は、ほかの収穫物とは異質である。それは鑑別面接の系列に連なる種類の収穫物である。そこには固有の確かさがあり、固有の明らかさがある。それが課題作文のうちに眠る価値である。

前記のことを演出しているのは、一にも二にも時間性である。同じ表現の手段でありながら、描画が面接の代替になりえないのは、そこでは時間性が希薄だからである。文章は、それが書かれるためには一行目から始まって最後の行まで時間が書き行為に寄り添って流れなければならない。書く行為とはこの独特な時間の経過であり、それがそのまま文章として結実していく。それは、少年自身の内的時間でもあって、息づき、弾み、澱み、浮き上がり、沈みもするような生の瞬間瞬間である。それがまた外的な文章となって結実する。

文章はその生のありようを自らの言葉の上に、あるいは内に、あるいはその周囲に担う。このような歴然とした時間性は絵の中では出現しない。絵を描くという時間性があるにしても、それはすべて可視の空間の上に置き換えられてしまう。時間性は空間性の中に還元されてしまう。これが絵画のもつ限界である。

課題作文のもつ時間性はもちろんそのことにとどまらない。読みの行為においても（直感が働けばなおのこと）同様のことが起き、これもまた書きの時間とほとんど同じ時間性によって色づけられる。文章は、それがどんな文章であれ多かれ少なかれ書く者の生と時間を担う。読む者はそれを読むことによって、直感の働き具合に応じて多かれ少なかれその生と時間に参画する。それが出会いであり、関わりである。

ここにおける関わりは、対象としての本人を実際には目にしていないにしても直接的であり、濃い。そこに生きた時間が流れているからである。だから、時にはそこで得た肌触りを力にして、たとえば判定会議の場で事例担当者の説明に異議を唱えることも可能になる。

すでに述べたとおり、実際の課題作文の読み行為における直感の働かせ方は人によってまちまちである。ほとんど働かせない人もいるし、直感を用いることが習慣化している人もいる。課題作文は基本的には情報の読み取りであることから、そのどちらもそれで済んでいる。

だが、たとえばSCTではこうはいかない。そこでは文章の置かれている状況が先鋭化し、それによって心理検査という位置づけもされているからである。このテストにおける読み行為は、直感を働かせるのでなければほとんど意味がない。中には記号論的分析でテストとしての用立てをしている人もいるかもしれないが、そこから多くの収穫が得られるわけでもない。ましてや、このテストについても情報の読み取りですませている場合にはテストとして無意味である。この短い文章に乗ることのできる情報はきわめて限られている。すでに述べたとおり、「普通の意味」のほかに「出会いとしての意味（核）」もまた読まれなければならない。それがこのテストの命である。

直感を働かせて読むというと、いかにも深読みをすることのようにも受け取られかねない。言葉の一字一句にこだわって、時にはそこに立ち止まって、言葉の裏側の方にまで思慮を働かせて読むことのように思われかねない。だが、実際は違う。そうでないどころか、逆である。そのように読まれては直感の働く場はなく、働いていた直感も死んでしまう。

まずは情報の読みが基本であることは、それが文章の読みであるかぎり王道である。最初から出会いだけを求めては失敗する。基本は「普通の意味」が求められなければならない。新聞の記事を読むようにすらすらと、おおむねは滞りなく。だが、それがその限りで読まれていれば、その限り以上には行かない。もう一歩が必要である。決定的なもう一歩が。直感の働く場所はそこである。

その際、読みの行為は特別な時間の中を走る。おそらくそれは速い。読む者は確かに作文（SCTの反応文）の文字を目で追いながら、その裏面としての「普通の意味」を追っている。だが、直感を働かせる場合には、それだけではない。文字を追う視線や、「普通の意味」を追う心は確かにあってそこで働いているが、それはどこか端の方に追いやられ、主役は別のものの方に移されている。それが直感である。

視線と心は同じ人間の営為であるのだからそれぞれ分離しているわけではない。ここでの読み行為は、直感が加わることによって、単なる情報の読みとは別の読みに変質している。実際には、読み行為の複雑性の根幹となる時間の複雑性に従って、直感の働きは自在に変化する。日常的な読み行為がその基本にあるから、「普通の意味」と「出会いとしての意味」の間を行ったり来たり、あるいは重なったり、またその行き来は速くなったり遅くなったりもする。いずれにしても、直感の最終的なゴールは「出会いとしての意味（核）」である。書き手の〈人となり〉に結びついた意味（核）である。書かれた結果としての、あるいは書くことをあらかじめ意図した意味ではなく、書き行為と同時進行的に生ずる意味（核）である。前者は固定している。だから、その読み行為は容易である。時間を置いても逃げていかないし、意味を失えばもう一度追いかけることもできる。その意味はいつでも文字の上に定着している。

だが、後者はそうはいかない。面接におけると同様の待ったなしの時間がそこに流れる。その瞬間に捕まえた〈意味（核）〉はそのありのままの姿としては一回きりのものである。その獲得された意味（核）を表象化して自分のものとすることはできるが、同じ出会いは二度と繰り返されない。

解析的に述べれば、この読み行為では「意味の二重化」が起こっていて、その二重化した時間の中で直感は出会いを追い求めている。「普通の意味」と「出会いとしての意味（核）」（いずれ本論では、前者を意味A、後者を意味Bと呼ぶことになる）が二重化して、その一体化の中を直感は走る。おそらく読む者は「普通の意味」を携えて「出会いとしての意味」の方に走っているのであろう。一体化としての一瞬の時の中で。有から無へ（有として無へ）。

そこに流れる時間の複雑さを考慮すれば、無から有へ（無として有へ）と言ってもよい。すでに獲得している「普通の意味」が消えるとき「出会いとしての意味（核）」は浮上してくるはずだから。他者によって読まれた意味から、もう一つの意味（核）への疾走。かつて書き手における意味（核）であったものの読み返り。

いずれにしても、この疾走と獲得は瞬時のことだから直感による読みは速い。日常的な読みそのものは比較的ゆっくり進められるのとは対照的である。この本来速さの違うものであるらしい二つの読み行為が二重化（一体化）して、そこに複雑な時間が現れている。実際、この読み行為の事象を振り返ってみれば、読む者は瞬時のうちに読むような読み方もすれば、ある箇所に立ち止まってぼんやりと言葉を眺めるような読み方もする。なかなか一筋縄ではいかない。だから、ここで働いている直感の姿は、いつも「普通の意味」との妥協を強いられているようにも見える。

前記のことは非行少年の作文に特徴的なものであり、他の作文に必ずしもあてはまるものではない。たとえば難解な哲学書を直感的に読むことになれば、その筆者の心に出会うためには一歩一歩確実な歩調で進むことも必要となる。だが、その場合であっても、ひとたび筆者の心と出会ってしまえば読み手の心の状態さえ良ければ読みは速まりうる。

六　作文事例による検討

ここでは、課題「私の友人」の二つの作文事例に基づき検討する（矯正展用に公開されたもの。スペースに限りがあるので一部割愛してあるほか、誤字等は原文のまま）。

〈作文事例1〉

小学校のときは、やはり近所の友だちが多く、幼い遊び、ドッチボールとかおにごっことかをいつもやって遊んでいました。中学校に入学してからは、やはり学級の友だちとか、部活の友だちとかとよく遊ぶようになりました。高校に入ってからは、友だちが変わってきました。それは自分と同じことをやる友だちがふえてきたのです。たとえばタバコやバイクなどを乗るような友だちになってきたのです。おもしろいとか、楽しいとか。だんだんそうゆう友だちになってきたのです。やはり、一人でいるより友だちといたほうがおもしろい、楽しいと思えるようになってきたのです。それと、自分は一人でいるのがとてもいやだったので、とても友だちといたいと思っていました。だから友だちといるとこわくないという考えになってきたのです。だから、友だちといつも行動が一緒でした。それに、友だちといないと自分ばかりとりのこされてしまう、つまり、友だちに相手にされなくなるのではないかと思っていたのです。だから、いつも友だちと行動をともにしていました。

［この作文から読み取れる情報］

a　小学校のとき近所の友達が多かった。
b　その遊びはドッチボールやおにごっこなど。
c　中学校では学級の友達や部活の友達と遊んだ。
d　高校に入って友達が変わった。
e　自分と同じことをやる友達が増えた。
f　タバコとかバイクとか。
g　面白いとか楽しいとか。
h　一人でいるより友達といる方が面白い。
i　一人でいるのがとてもいやだった。
j　友達といるとこわくない。
k　友達といつも行動が一緒。
l　友達といないと取り残されそう。
m　友達に相手にされなくなるのではないかと思う。

盛りたくさんの情報である。これだけでも課題作文の資料の価値の大きさが立証されるようなものである。少ない文章量の中に情報が盛りたくさんなのは、途中から単なる情報の書き行為（伝達、報告）から告白や独白の書き行為への変質があるからでもあろう。ａからｃまでは、伝達や報告の要素が大きい。ｄから書き行為の変質が起こる。ｅから告白が始まる。自らの友達意識、友達観が告白される。告白にももちろん情報が乗せられる。書き手の心に彩られた情報である。ここに〈人となり〉は濃くにじみ出ている。その結実が〈文〉となってある。

情報の読み取りは一応上記のような順で進むであろう。だが、ここで、人によっては、これは信ずるに足るものかと疑念を抱くであろう。素直にそれをそのまま真実の情報として受け取る読み手もいれば、はっきりした真実の保証性を得たいと思って、これらの宝の山を前にしながらも逡巡し、科学的実証性を頑なに捨てまいとする読み手もいる。問題はここである。

前者は、ごく単純に情報の読み取りをし、事はそれで終わってしまう。手に入れようとしているのは情報であって、書き手の〈人となり〉の方ではない。後者はもっと悪い。最初からこの作文に交わろうとしない。一応目は通す。一応情報も確認する。だが、それを収穫物として自らのものとはしない。ここには、科学的真実性の保証がないからと。嘘があるかもしれないと。作文はまさに作文であって作り事と思っていた方が無難と。何という偏見。それもこれも、この読みに直感が働いていないことによっている。前者の読みにも後者の読みにも、基本的に直感が制限されているか、無視されている。

ａからｃの記述、ｄを経ての、その後の書き行為の鮮やかな変質。これこそがこの作文の生きている証であり、書き手が自らの真実に従おうとする証である。

直感にとっては、ここには真実性はあまりにも歴然としている。この書き手が作り事を書いているなどとは想像もできない。だが、事が事だから慎重にと思うのであれば、この同じ書き手の書いたほかの作文も直感を働かせて読んでみればよい。そうやって読めば読むほど、その書き手の書き行為における真実性が保証されるであろう。

eからmまでの〈告白と重なった情報〉がそのまま真実のものであることが、直感によって確認される。実際、そこにはこの書き手の震えるように繊細、微妙な心の真実が明かされている。たった20行ばかりの文章の中に。

[この作文から直感が読み取ること]

①書き手は自らに関する真実を書いているということ。②この書き手の心の素直な動き。③それゆえ、ここに書かれていることのすべて（内容も含めて）がそのままこの書き手の直接的な〈人となり〉の反映であること。④告白の内容はそのまま分析の資料となること

上記の読み取りは、直感による読み取り行為における〈肌触り（これほど確かで、明らかな事実性はない）〉としてとらえられる。これこそが直感の直接的収穫物である。書き手のその人らしさとしての肌触り。

直感で読みさえすれば、それはどんな文章でもはっきりととらえられる。前掲のものとは違った気取りや衒いの濃厚な文章においてでもそうである。嘘の混じっている文章においてさえも、嘘の肌触りとしてとらえられる。すでに詳しく述べたように、読み手は書き手の書き行為に流れる時間を共に生きることによってそれを手にするからである。ここにおいては主観性とか客観性は問題とならない。

そもそもここでは客観としての情報が単純に問題とされているのでもなければ、主観としての読み行為が働いているわけでもない。主観はすでにあるものだから（空無があらかじめそこにないから）、読み行為で書き手の書き行為と〈共に生きる〉ことはない。唯一、読み行為でそのように生きることができるのは直感である。

前述の各収穫物は、前記の肌触りの中に副産物としてある。それは主観の産物でも、客観としての産物でもなく、

単純に〈直感が生きて働いたこと〉の結果としてのものである。直感を働かす読み手は、そのようにして客観よりも真実の「生きている事象」を手に入れたのである。あとは読み手はそれを表象化して（客観物として）鑑別に役立てればよい。

〈作文事例2〉

悪い友達はべつにふやそうと思っているわけでもないのにどんどんふえていきましたが、良い友達はぎゃくにへっていきました。自分は悪い方とばかりあそんで、良い方にはよくみられていなくて、自然にさ（避）けて（括弧内…筆者記、以下同じ）い（行）かれてしまったんだなと思っているが、よくわからないのです。それで悪い友達とは仲が深まっていくばかりで、良い友達からはみはな（見放）されていくばかりでした。それではだめだと思った時はすでにおそく、もうまわりは悪い友達ばかりで、自分ではどうしようもなくなってきましたので、そのままずるずる行くばかりで、全然よくなりません。（中略）親友とは親しい友達のことで、良い友達は数名いましたが、本当の友達、なんでも話せ、信用のできる友達はこの世にいるのでしょうか。この世の中でそういう友達をもっている人がいるのでしょうか。たぶんいないと思います。いると思っているのはその人だけで、あいてはそう思っていないと思います。人はどこかでかならずうらぎると自分はおもうので、人のいったことをうのみにするというのはあまりよくないとおもうので、かならずうたぐってみた方がよいと思う。それから悪い友達とは、いままでかぞえきれないほどの人とあそんできましたが、本当の心から悪いという友達は数名でした。あとは、みんな心のどこかにはやさしいところがある人がたくさんいました。こういう友達はほんとうはみんなと一しょにやりたいんだと思っても、体がい（行）かないというようで、どんな悪い友達でも、心がくさっているような人はいないと思います。

既述の〈核〉、あるいは〈肌触り〉とは何であるかに焦点をしぼってこの作文に当たってみる。この作文は事例1に比べれば量的には多い。だが、そこに含まれている情報量となるとそれほど多いわけでもない。

ここでは、報告や伝達は二の次になっていて、ほとんど最初から告白、独白が始まっている。だから、情報量としては限られている。

この文こそ最も非行少年の作文らしいものである。単に能力の問題ではない。平仮名の多用、主語・述語・目的語関係のあいまいさ、書きの要素よりもしゃべりの要素の大きい傾向、「思う」という言葉の多用（内面の抑制なしの吐露）、文法への無頓着、内なるものにとらえられている自己中心性とその裏面としての心の動きの素直さ、等々いくら挙げてもきりのないほどの特徴が観察される。これを単に能力の問題と片付けてしまうのは、やはり直感を働かさずに読む者の偏見である。

今述べた特徴をすべて含みもつような一つのまとまりが、まさに〈核〉の基盤であり、〈肌触り〉と呼んだことの内容である。この書き行為における心の動きの素直さ、真正さは、読む直感にとっては歴然としている。紛れもなくここにこの文を書く一人の少年がいて、その〈人となり〉がそのまま文の上に現れ出ている。単に書きの能力のみがこのような文の表情を成立させているのではなく、この書き手の〈人となり〉がそのまま文として成り立っている。〈文は人なり〉である。だが、直感は読み行為において、ただ単にこの〈肌触り〉を求めているのではない。この〈肌触り〉は現に読み行為の中に感じ取れるが、直感が求めているのはその感じではなく、その感じを成り立たせている〈核〉の方である。そこに歴然としてある書き行為（〈肌触り〉）を成立させている中心にある〈核〉を求めている。

前掲の作文をぼんやりと受け身的に読んでいるだけでは、〈肌触り〉は感じ取れても、それ以上には行かない。しかし、それとても、ただ単にこの作文の中に情報を求めるよりはましであろう。少なくともこの読み手は書き手の〈肌触り〉は自分のものにしているのだから。

ここではさらにもう一歩踏み込むことが必要で、それが直感的な読み取りの決定的な一歩をしるす。

これは、読む者の側の精神の活性化、エラン・ヴィタールである。(4)解析的に述べれば、それは〈肌触り〉と〈情報の意味〉の加味（合成）である。〈核〉はその〈加味（合成）〉を通して浮上してくる。この書き手の書き行為の中心的核は、このような読み取り行為の合成を通してとらえられる。

ここには汚れていない（耕されていない、余分なものを身につけていない）生《き》のままの心の動きがある。素直と言ってもよい。素直であればこそ本人のあずかり知らない所で大きな問題に触れている。

一つは、善悪の問題である。いま一つは、善悪と切り離せない裏切りの問題である。そして、この書き手の結論は、良い友達の側に裏切りが見えていて、悪い友達の側には逆にやさしさや心の純粋さが見えていることである。これらの問題はその言葉の額面以上の重要さを孕んでいる。

裏切りとはもともと悪の側の特徴であることは、サルトル(J.P.Sartre)の大作「殉教と反抗(Saint Jenet, Comédien et martyr)」をもち出すまでもない。ジュネ（J.Jenet）は悪を裏切ることによって悪をさらに前へと進めようとする。裏切りこそ悪の中の悪である。それがサルトルの言説である。

だが、この書き手の素直な叙述では、裏切りは良い友達の方に見えていて、悪い友達の方にはどうやら無縁のように見えるらしい。このような見え方はこの書き手一人に見られるものではない。少年鑑別所に入って来る少年達の作文に多く見られるきわ立った特徴の一つでもある。その例示はいくら挙げてもキリがない。

ここにある〈核〉は、単にこの文の書き手のみならず、今の時代の非行に走る少年達の共通の心性の〈核〉ともなっている。エラン・ヴィタールを働かせて読めば、この作文の中にそのような鉱石の姿が見えてくる。直感は、その読み取りの中で、〈肌触り〉と〈情報の意味〉の合成としての鉱石をとらえる。そのあと、読み手には読み手自身の意味体系に照らした表象化の作業が残される。もちろん、おおげさにサルトルやジュネをもち出さなくても、それぞれの、それぞれに見合った表象化で十分である。それもまた〈金〉に違いないのだから。

七　文章における意味の二重化

すでに述べた意味の二重化についてのまとめの意味も含めて、対比的に表示してみる。直感にとって二元性は相容れない概念だが、便宜上のものとして掲げる。ここにある〈意味B〉にとっては、すでに述べたように〈意味A〉は不即不離の関係にある自らの一部である。(5)

第三節　「生活史の読み」と直感の働き

生活史は、心理臨床家にとって対象者を理解する上での第一級の資料と言っても過言ではない。少年鑑別所でも、それは日常業務の中枢に位置するものとなっている。自らの担当事例ではない場合でも、判定協議会や事例研究会等における共通理解のための最も基礎となる資料である。

また、一口に生活史と言っても、上記のような狭義のものもあれば、広くは自伝や伝記の類までもその範疇に入る。いずれにしても、一人の人間を理解しようとする営為においては、「生活史の読み」は不可欠な要素であるばかりか、出発点とも言えるであろう。

一人の人間を理解しようとするならば、当の本人に会って話を交わすか（面接）、その生きてきた歴史を知るか（生活史の読み）がまずもってなされるべき事柄である。そうであるにもかかわらず、この営為については方法論的検討が十分加えられていない点は、同じ人間理解の方法である心理検査については膨大な検討が加えられていることとの対比をもち出すだけで歴然としている。後者は、「生活史の読み」や「面接」の補助であり、それのみでは人間理解を全うすることができないにもかかわらずそうなのである。

表２　文章における意味の２重化

作文の言葉	意味Ａ	意味Ｂ
文字の役割	文字は意味の直接的媒体。	文字は意味の間接的媒体。
文字と意味の関係	シニフィアン（意味するもの）とシニフィエ（意味されるもの）との関係。	表現の形式と表現の関係。
表象との関係	表象化としての現前（表象との同一性）。	表象化以前の潜在（表象との非同一性）。
書き行為との関係	対象化されているか、されつつあるもの。	同時進行的に潜在しているもの。
書き手の人格特性との関係	表示されるか、説明される。	本質的に内在する。
読み手への伝達の特徴	一般性（共通性）	特殊性（独自性）
意味Ａと意味Ｂの関係	個別的（分離化）	複合的（一体化）
文字と意味の位相	文字の明示性のレベル。	文字の深層のレベル。
意味の態様	固定性・可逆性	生動性・不可逆性
現実との関係	日常性	非日常性

この事態は、考えてみれば不思議なことである。だが、なぜそうなっているかの解答は出しやすい。「生活史の読み」が科学的方法として確立されがたいことにそのほとんどの理由がある。これからの論述で明らかになるように、「生活史の読み」は、それが明確な方法的意識をもってなされるならば科学的方法と背反しない。単にそれが分析の資料として使用されるのではなく、直感によって読まれる場合でもそうである。ここでの論述の目的はこの点を明らかにし、「生活史の読み」、とりわけ直感的読み行為に科学的根拠付けをすることにある。

生活史の読まれ方はさまざまである。生活史の態様が種々であるのみならず、たとえば対象となる人物についてあらかじめ面識なり予備知識なりをもったうえでそれを読む場合と、そのようなものをもち合わせないまま読むのとは大きな差異がある。また、ここでのテーマである直感の働かせ方などの多様性からすれば、読みの質にも各種の差異がある。このあたりの事情を明確にすることもここでの目的である。それによって、生活史が心理臨床家にとってどのようなものであるかが浮かび上がってくるであろう。

心理臨床家のみならず、人間理解を目的とする営為において占める「生活史」の正当な位置付けが可能になるであろう。特にそのような場で直感がどのように働いているかを見ることは、先行の直感に関する考察に継続する課題である。

直観および純粋直観は哲学の基礎概念であり、この分野ではそれは一種自明のこととして扱われているが、人によってその意味するところはあいまいで多様である。(6) 他方、心理学の分野では、検証や実証の不可能な〈方法としての直観〉に拒否反応が強く、それを正面に据えての研究は乏しい。ピアジェ（J.Piaget）が「哲学の知恵と幻想」(7)で哲学に対する攻撃を直観も標的にして行っているのが目につく程度である。

直感は明らかに人間の心理作用では特徴的なものであり、また今の複雑化した時代においては無視できない重要性を孕んでいるが、それについては不分明な面が多い。心理や意識というものは元々なかなか検証や実証の困難な対象的事実だが、直感にはそれに輪をかける要素がある。この心理作用は、他の一般のそれとは違って時間性や現実性との関係で独特なあり方をしていることにきわ立った特徴があるからであろう。また、そこにこそ、この心理作用独特の現代性が潜んでいるとも言えるものである。

一　生活史とは

生活史とは、一人の人間が生まれてから現在まであるいは死ぬまでの生活の流れを、その人間に関する事件、出来事、事実等を時の経過とともに記載したもの、となる。その記録に盛り込まれる情報の多寡については、その記録の性質、あるいは慣習に基づいて様々である。

少年鑑別所にも少年簿という冊子があって、その一項目が「生活史」となっている。生まれてから現在までの出来事、事件、事実が加齢に沿って記載されていて、数ページ程度が普通である。それに関連した項目として、ほかに「家庭」、「性行・家庭・環境要約欄」、「本件非行」があって、生活史の情報を補う形を取っている。少年鑑別所ではその情報の多くは少年自身から聞き出したものになっていて、その情報を他の資料から客観化して記載する。その確認が十分取れないときには、「少年の供述による」と断りを記すことになっている。ここでは情報の客観性が重んじられているのであるが、少年鑑別所の置かれた立場からその情報源は少年の方に一方的に偏るのである。

以上が狭義の生活史である。既述のように広義にはこれとは別の種類のものが入ってこよう。これも一人の人間の理解においては重要な方法となるもので無視できない。自伝ないしは伝記と呼ばれるドキュメンタリー、あるいは文学作品の一群である。これらに基づく人間理解の重要性は、エリクソン（E.H.Erikson）がライフサイクルの研究で積極的に、と言うよりその中心的方法として採用したことに明らかであろう。[8] 自伝ないし伝記と呼ばれるものをあえてここで生活史の一分野として位置づけておきたい。

ここでは、取りあえず素材は少年鑑別所で書かれている少年簿の生活史に限る。また、生活史の読み行為を純粋化させるために、対象少年についての面識や予備知識のない状態での読みを主として考察対象とする（以下特に断りがなければ同様）。

二　生活史における「事実」のありよう

前記したように、生活史は当該少年についての生活上の事実の記録である。少年の意見や感想がそこに書き込まれるにしても、それは一つの事実としての記録である。生活史の本質的な部分はこの事実ということにある。事実を丹念に積み重ねて記載される。

だが、すでに述べたとおり少年鑑別所の情報源は少年の供述が中心になることから、その事実は少年の意識、少年の言葉を通したものという特殊な限定が加わる。だが、所詮事実というものはその場で目撃している者以外にとっては他人の言葉なり意識なりに染められた観念的事実であることを思えば、このことは本質的な障害を含んでいない。

事実とは目撃者以外の大部分の者にとっては純粋な事実ではありえない。だから、それが少年自身の供述に負うところの多い事実であるにしてもその価値が劣ることはない。生活史の当事者である少年自身の目や心を通したものであることによって、かえって付加価値が高まる要素もそこにはある。

少年簿の生活史の欄に、たとえば記載者の主観的な事柄（事実についての印象、感想、意見など）が加えられると、とたんにそこに記載された情報全体が曇らされ、少年自身についてのイメージもぼやけていくことがある。そうまではっきりした主観でなくとも、そのようなニュアンスの強い記述の仕方の生活史についても同様のことが起こる。少年の主観はいくら書き込まれてもそのような有害性はないが、記載者の主観的要素は生活史のもつイメージ喚起力においてきわめて阻害的に働く。このようなことからも、事実が生活史の本質的要素であることが分かる。

このように生活史において歴然としている事実に対して、それを読む者がどのような立場に立つかによって、その事実は表情を変える。それがここでのテーマである。あらかじめ端的に述べておけば、実証的科学の態度は、読みの主体をそれと関わらせずに読むことによってその科学的実証性を担保にする。だが、直感は読みの主体を空無にして（それが直感の作用そのものだが）、その空無を満たす作業として事実と交わる。両者とも事実から離れてその任務を完遂することができない点では一致している。

だが、現実そのものに生きて直に触れているのは後者の方である。しかも、それは主観の所産ではない。ピアジェが直観を槍玉に挙げて一刀両断しているほど、真実に到達する方法としてどちらがより有効な方法であるかを断じるのはそうたやすいことではない。

三　生活史はどのように読まれるか

それではわれわれはそのような事実の積み重ねの中にいったい何を読むのであろうか。おそらくその読み方を誤ればあるいはその労を怠れば、たとえそこに記載者の主観が働いていなくともイメージははっきりと結実しないはずである。結実しないイメージに焦って時には記載者や担当者による主観的なイメージを借用し、それを偽って自分のものにすることもありうる。それは日頃の対人関係で、「あの人はこういう人」と主観的に述べられたイメージをそのまま自分のイメージとするのと同類である。

生活史の書類を前にしてただ漠然と、あるいは単に文字とその意味を追うだけの視線で目を向けていてもそこからはほとんど何も立ち現れてくることはない。その冷たさは生活史を読み慣れた者でもよく経験することである。心ここにあらずの心理状態でその前に立つ者に対しては、それは鉄壁のように堅く、氷壁のように冷たい。

生活史というものがすでに述べたように事実の積み重ねにその本質をもつ存在だからである。おしゃべりや作文のようにこちらに語りかけてくることにその本質をもつものとは一線を画している。それはただ「事実」を積んで目の前にあるだけである。どうぞご自由に処置してくださいと身を投げ出しているだけで、ほとんどどんな構えも表情も見せていない。事実の並びの形式がそれに拍車をかけて無表情をきわ立たせる。作文であれば、たとえ心ここにあらずの状態で読んでいても、読む者は知らず知らずのうちにそこに引き込まれる。あるいははっとして立ち止まり、その語りかけに注意を向ける。だが、生活史は違う。そこにあらかじめ関心と興味をもって接してくる者だけにその堅くて冷たい扉を開いてくれる。きわめて高慢な資料なのである。

四　「生活史の読み」の三種のタイプ

生活史は、上記のように興味と関心が確固たる動機として働いて読まれるものであることが原則である。その興味と関心のもたれ方にも幾種類かあり、それによって生活史の読みのタイプ分けが可能である。

一つは、そのテーマとなっている少年に対する一般的な（専門性を抜きにした）興味や関心のもたれ方で、興味本位とか新聞や週刊誌の記事への野次馬的好奇心と呼ばれるものに特徴的である。生活史の読まれ方としてはきわめて素直で日常的であるが、低俗なものとも言えるだろう。

次のものは、生活史の読まれ方としてはきわめて普通で、鑑別の資料として専門家や関係者がごく普通に読むやり方である。どんな家族構成なのか？　どんな学校に通っていたのか？　通学状況は？　仕事は？　勤務ぶりや転職回数は？　交友関係は？　等々の興味、関心で読まれる。そこでは資料としての情報が求められている。読み手はそのつど自分の興味、関心（問題意識）に戻って、そこから生活史に読みの視線を向ける。それに他からの資料も加えて、分析的思考、仮説―検証の作業が思弁的に繰り返される。生活史に単に没頭するだけではなく、時にはそこから離れ、他の資料にも向かうし、あるいは自らの理論に立ち返りもするし、面接場面での情報と照らし合わせたりもする。これが実証的科学の読みの態度である。だが、生活史は単にそのように読まれるだけではない。

第三の読みの行為は、臨床的にはこれもおそらくかなり広い範囲で、あまりそれと知らずに行われているはずである。直感の働く場はこの領域において顕著である。それぞれの読みの行為に名前を付ければ、一番目のものは「三面記事的な読み」、二番目のものは「分析的読み」、最後のものは「直感的読み」と命名できる。後者の二つは、鑑別面接や作文分析の場合にも対応する。

五　生活史の直感的読み

①　第一の考察

他の場面での直感の働きにも見られるとおり、ここでも直感的読みはすばやく行われる。まるで直感はすばやさの中にその命をつなげているようでもある。ここでは日常的な、つまり読み手がそれまで浸っていた時間が消えて、別の時間が新たに流れ始めるらしい。そのような生活史の読み場面で起こっている事象を見てみれば、読み手は他の読み方におけると同じように興味と関心をもってこの場に臨む。エネルギーはそこからやってくる。だが、この興味と関心は他の読まれ方とは趣が違う。

なるほど少年への興味と関心が出発点であることは他の場合と共通しているが、その興味や関心のもたれる心の姿勢において差異がある。テーマとなる少年は読み手のごく身近に来ている。その少年とは会話はもちろん、じかに会ったことがない場合でも、この読みに向かうときには少年は読み手のすぐそばに来ている気配である。顔も知らず他の情報が皆無でもそうである。逆に、すでに少年と幾度も面接を繰り返し、その情報も十分手に入れている担当者が生活史を読むときにはかえって少年の存在を遠くに感じていることが多い。あの寮のあの部屋にいる少年とか、あの時あの面接室であんなことを言った少年とか、ロールシャッハであんな反応をした少年とか、本件であんなことをした少年とか。どの見方でも「あそこ」とか「あの時」とか「あんな」とか遠くを指す言葉が使われやすいことからもこのことは知れる。

情報を知りすぎれば読み手から当の少年は遠ざかるような様相である。時間が〈この時間〉ではなく〈あの時間〉を流れてしまうからであるらしい。だが、この「直感的読み」の場では、少年の顔も知らなければ、ほとんどその情報も得られていなくとも、少年の存在はすぐそばに感じられる。読み手はそのような位置を自ら占める。そのような読みの姿勢に読み手の心は入る。いったい少年の何がすぐそばにやってきて、そばにいるように感じられるのであろう。顔も何も知らないのに不思議なことだが、ここには少年という一つの空白が来ているのだと思えばなるほどと思える。何かしら空白がここに来ている。あるいは逆でもよい。読み手は生活史の文字の上の空白に自らを位置づける。

上記の三つの読み方のどの場合でも少年に興味、関心をもっていることでは同じなのだが、その少年との距離の置き方に、あるいは置かれ方に差異があると分かる。

三面記事のように読むのであれば、少年は自分からずいぶんと遠くにあるものとして見えるはずである。たまたま身近な人間がその対象であるときにその読み手は坐り直して身近にその存在を感じて読み直すようなものである。取りあえずは他人事である。

分析的読みでは、分析的関わりをしているかぎりにおいて少年という事象は他人事ではない。しかし、分析的立場を取っているかぎりにおいて、少年はいつまでも読み手の向こう側にいる。生活史の時間的経過、年齢的経過もあくまでも向こう側のものである。あのとき、あそこで起こった事実がこちらの日常的時間の中にはめ込まれる。

直感的読みにおいて、少年は初めて〈ここに〉来てしまう。読み手の〈今〉に取って代わるように異種の時間が流れ始める。それが直感を特徴づけるすばやさの本体なのであろう。

だが、現実の場面に戻って考えれば、それらは必ずしもいつも電光石火の速さの中で行われているわけでもなさそうである。読み手は順番に生活史の文字を追っていく。ことさら急ぐ必要があるわけでもない。少年の空白がこちらをただ急き立てるだけのことで、その急き立てに乗っているかぎりにおいて直感は働きつづけるように見える。肝心なのはその読みが少年の空白の側からなされていることである。読み手は一つ一つの情報を少年の空白の方から生きることで、そのたびごとに空白は徐々に満たされていくように見える。空白であった少年としての事象に少しずつ手応えが読み手の方に感じられてきて、読みの行為に確かさが備わってくる。

生活史の読み行為はきわめて特殊である。すでに見たとおりまずは〈少年〉という空白に直面するが、空白は単にこのことにとどまらない。個々の事実の積み重ねという生活史のもつ本質から、〈読み〉は事実と事実との間の空白にも遭遇する。

作文の場合、〈文章〉と〈文章〉との間、あるいは〈事実〉と〈事実〉との間には〈書き行為〉固有の時間が詰まっていて、読む者はその時間の流れに乗って行けばよいが、生活史の場合は違う。そこには作文のような〈書き行為〉固有の流れはなく、〈文章〉から〈事実〉へと読み行為の〈視点〉と〈対象〉に移行が生じ、その結果「読みの構造」そのものに本質的な変化がもたらされる。

生活史を読んでいて何らかの理由で注意がほかのことに移ったりぼやけたりすると、そこに書かれている情報が突然とらえ所がなくなってしまうのはよく経験することである。作文であれば読みの導き手は向こう側にあって、それが読み手を先へ先へと導いてくれるが、生活史では事情が違う。読みの導き手の役割は読み手自らが引き受けなければならない。生活史は漠然と読むことはできない。道を逸れれば道筋はすぐに見えなくなり、前に進まなくなる。生活史は、特別な注意の集中と積極的な読みの姿勢をたえず読み手に要求する。これはすでに述べたとおり、〈少年〉そのものの空白と、それに加えて事実と事実との間の空白が事象として読み手の前につねにあるからである。その空白を埋める者はさしあたって読み手しかいない。

② 「分析的読み」との関係

関心と注意がとぎれて読み手の心が他の方向に移ったり、自ら休んでしまったときには生活史に記載されている事柄は遠のく。しまいにはそれらは単なる言葉の羅列になってしまう。そのとき、その現象が顕著であるときとそれほどでないときがあるように思える。それはそのときに直感が働いているかどうかで顕著な差異があるらしい。特殊かつ一定の形態の時間の流れにともなって働くらしい直感は、そのすばやい持続にその命をつないでいる。それが阻まれるときには読み手は一挙に路頭に迷うらしい。それに比べれば、直感によらずに分析的関心で臨んでいる場合には、ちょっとした関心や注意の気紛れにもそれほど支障を受けることもない。むしろそのような寄り道や視野の拡大は分析には好都合な面もあって、読み手はそこでつまずくことがないように思える。

a．想像力との関連

直感的読みにしろ分析的読みにしろ、その読みの一つの目標は〈主要な、と言ってもよい〉目標は、〈少年〉という空白、事実と事実との間の空白を埋めることにある。しかし、その埋め方は直感と分析の間に本質的な差異がある。日常的にこのような空白を埋めるときには一般に「想像」という心理的機能を取り上げる。だから、ここで取り上げている直感的読みの機能はこの「想像」の機能と混同され、誤解される危惧がつきまとう。

「想像」は一方的に読み手の方の主体の中で機能するものであり、ここでは〈少年〉という空白そのもののもつ分担性が読み手の主体の支配下に入り、空白としての働きが「想像」の働きの支配下に入り、空白が本来的にもつ役割が無視される。その点からすれば、生活史の読みにおいて第一に「想像」ということが取り上げられるとすれば、想像作用が働くにせよ働かないにせよ、分析的読みにおいてはその否定的機能として取り上げられるのが妥当である。

「分析」は自ら「想像」に走ることに自らブレーキをかけて、その一線を越えまいとしてほかの方法に解決の糸口を見いだそうとする。それが科学の本質となっている。そのとき読みの主体は常に一方的に読み手の側にある。だからブレーキの必要性も生じるのであり、「分析」と「想像」は同じ種子から生まれる二つの相反する花である。

「分析」は、〈少年〉という空白や事実と事実との間の空白を各種資料から導かれる仮説―検証のシステムに従って埋めようとする。あるいは埋めないことを選ぶ。

「想像」は上記の空白を読み手の一方的な主体の下にその恣意的な心の働きで埋めようとする。だから、それはいかようの埋め方も可能になる。それが真実に触れているかどうかはとりあえず問題ではない。その恣意的な心が世の常識に通暁していることも多いから、真実に触れることも多いが、それが真実を言い当てるのはその限りにおいてである。

次に「直感的読み」における「想像」の働きが問題となるが、直感と「想像」との関連は、実際に働く心理作用としては上記のように単純なものではないので、別に項を設けて検討する。

b．直感による空白埋め合わせ作業

ここで言う空白とはその言葉が示すような何かがぽっかりと空いているようなものではない。それは境界のない広がりである。〈少年〉という広がりが内実の欠けたままに展開している一つの事象がそこにある。また、事実と事実を含み込みながら不定形の、しかも内実の欠けた広がりが展開している事象がそこにある。読み手はそれに関わることでその広がりに内実をもたらそうとする。それが直感的読みの内容である。

上記の直感的読みは単純ではない。人が人の心理を直感的に読もうとするのとは違う側面をもっている。この場合の読みの対象は文字に置き換えられた事実の積み重ねで、そこに生身の人はいない。しかし、その事実の積み重ねは〈少年〉という〈人〉をテーマにした、しかもその生活の時間的経過のうちにとらえられたものである。そのことによってここにはこの読みの特殊性が備わってくる。

前記の読みの展開は、まずは一方的に読み手の方にある。すでに述べたようにこの読み行為には積極性と主体性が不可欠な要素である。この積極性と主体性は、まずもって生活史のもつ特殊な構造を解きほぐすことをしなければならない。同時に、生きている一人の人間の生きてきた足跡としての時間の流れのうちで生きてみなければならない。そこに流れている特殊な時間を生きて、一つの生きた空間を生み出さなければならない。そこに展開している特殊な空間を共に生きて、一つの生きた時間を導き入れなければならない。これがこの読みのもつ特殊性である。

それは分析的読みと一線を画す側面である。

しかし、振り返って実際の生活史の読みの現場に戻って考えてみれば、その二つの読みが混在して行われているような様相でもある。だが、そうであっても、これはけっして内実の欠如した広がりを想像によって埋めるようなものではない。そこには埋めるべき空白があるのではない。生きるべき空白（広がり）があって、しかもその空白を生きるのはもう一つの空白としての〈少年〉であり、そこに参画した読み手である。空白としての〈少年〉がそこに加わっているから読み手は生きることができる。〈少年〉の空白の方も〈読み手〉の参画があるからこそ生きることが可能となっている。ここでは、二つのありようの空白が互いに交差している。

c．「生活史の読み」に働く直感の特殊性

生活史に現れている〈少年〉という事象のもつ空間性なり時間性なりを、前記したように読み手が生きるということは簡単なことではない。たとえば課題作文などを読むときとは違って、そこでは直感が相対的に働きにくい状況がある。これは生活史の場合には課題作文と比べると、①読みの対象となる言葉の連なりが少年のものではないこと、②したがってそれは読みの対象として固定化、静態化が強く働いていること、③ゆえにそこで生ずるべき関わりの主体は一方的に読み手の方に偏ること、などによっている。これが前述した読み手に積極性や主体性が多く求められることの別の側面でもある。だが、そこに直感が働かないわけではない。そこではどうやら生活史の読み特有の直感の働き方が生じているらしい。

③　第二の考察

すでに述べたとおり、生活史の読みでは、〈少年〉という空白や事実と事実との間の空白をその空間性や時間性を読み手が生きることによって埋める。それが読みの内実でもあるのだが、そのことについてはすでに述べた特殊な困難性があって、読み手の積極性なり主体性なりが求められている。おそらくそのことに関連することと思われるが、生活史の実際の読み行為においては、読み手は自分の側に一つの視点を用意することが肝心となっている。それがこの読みを促進するし、直感の働きをも活性化しているように思われる。それがこの読みにおける読み手の積極性や主体性の内実である。

直感的読みを行う読み手は、理解すると言うよりもむしろ感ずるようにして、〈少年〉というかたまり、〈家族〉というかたまり、〈生活史〉というかたまりのなかを通り過ぎて行く。しかもその空間性なり時間性なりを〈少年〉という空白とともに生きることによって読み進む。

そのときまず起こってくることは次のようなことである。つまり、読み手は主体性と積極性を担保するためでもあるように自らの生き方の感覚、あるいは読み手がすでに自らのものとしている非行についての考え方や感じ方などを読みの中核かあるいは背後に据える。それが読み手の無意識、前意識、意識によって行われる（そのありようが直感であり、分析的読みとの差異点である）。

直感的読みの行為においては、読みの進行とともに生きられる時間と空間が現れ出てくる。そして、それを生きるのは空白の、つまりその内実が探し求められている〈少年〉であると同時に、その空白の内実を探し求めている読み手でもある。それらが交錯するところに直感は働いている。そのとき、その生きざまは〈少年〉のものであると同時に読み手のものでもありうるわけで、そこに二重化が働く。

しかし、この二重化は両者の均等の上に成り立つものではなく、読み手の方に比重が多くかかっていて、そのために二重化の間のずれが強く読み手によって感じ取られもする。その感じ取りを直感は逆手に取って働くようである。空白の〈少年〉が生活史の中で生きることと、それに重ね合わさるように読み手が同じ生活史の中を生きる事象がある。その間のずれが読み手によってすばやく、敏感に感じ取られることによって〈少年〉の特徴が浮き彫りにされる。

表３「生活史の読み」の３タイプ

	三面記事的読み	分析的読み	直感的読み
想像力との関連	読み手の想像力によって、生活史は広がりもすれば、歪められもする。	読み手において、分析は想像力を抑えるように働く。両者の作用は対抗的である。	直感も想像力も空無を土台にしている点では共通。ただし、直感は現実や事実に向かうことを特徴とするのに対し、想像力は非現実に向かう。
科学性	恣意的であることによって、非科学的。	想像を抑制することにおいて、科学的。	想像と別の機能。直に現実や事実に関わる点で超科学的。

その結果として、その空白が埋め合わされていくようなのである。

そのとき、読み手の側には自らの生き方があり、読み手の主体がすでに手にしている非行についての考え方がある。それらとの間ですばやい照合が、無意識的に、前意識的に、また意識的に行われる。直感はそこで働いている。読み手はその作業の中で〈少年〉という空白に常に寄り添い、〈少年〉がかつて生きていたように、そして今また生活史としてここに生きているように共に生きる。しかも読み手自身の主体としての生き方や非行少年の生活史の類型に関する体験的蓄積やら、もっと狭くは非行類型についての体験的蓄積やらを自らのものとしてその場に臨んでいる。

この〈少年〉は非行を起こしてここにいる少年であり、今こうしてその生活史が読まれているのはその非行性なりを見極めるためであるとすれば、その読みの作業の核心には〈非行〉というものが置かれていなければならない。その視点こそがこの読み手の主体の構造の中心を成すものである。

直感は、このように〈少年〉という空白と読み手の主体との間の照合が、生きた時間、生きた空間のなかですばやく働く。その中核に読み手自身の主体的な核が重要な働きを成している点が、他の場合における直感の働きとの顕著な違いである。それが生活史の直感的読みの場で起こっている事象の本質的な姿であるらしい。

④「生活史の読み」の三種のタイプの対比的表示（想像力との関連）

ここで、これまでの論述の一つの要約として、前述の三種の読みについて、主として想像力との関連で対比的な仮説を表示しておく。

これまでの論述のまとめの意味も含めて、ここで直感と想像との関係について整理しておきたい。ここでの考察も筆者の体験に基づくものである。個別におけるこのような地道な検討が確かな未来を開くはずであるという期待から、あえてそうする。現段階では検証はできないにしても、直感について新たな光が当てられるはずである。また同様の趣旨から、感覚との関係でも若干の考察を加えておきたい。

a．　直感と想像力との関係

この両者の心理作用は、「見えざるもの（不在）」、「あらざるもの（非存在）」を前にして働くものであることにおいて共通している。どちらかと言えば、直感は前者の方に特徴的で、「想像」は後者の方に特徴的であると言えるであろう。しかし、そこに截然とした区別があるわけでないことは、「想像」が、たとえば机の陰に隠れているものを心で探る際において現に働くことだけでも明らかであろう。あそこに鞄を置いたはずだと思えば、人はその鞄の姿を想像する。ここでは直感と「想像」は一緒になって働いていて、「想像」の方は像を結ぶことにおいてその役割を果たしているらしい。ただし、像を結ぶことにおいて不得手な直感は、「もともと何もない非存在の世界（空虚）」に対しては、独自には何も手出しができないらしいこともうかがえる。創造力は、像を結ぶことをその本質としている想像力と連結しやすいらしい。そのような心理作用の場では直感は後衛に退いているらしい。直感は、何か手がかり（現実）がなければ単独では機能できないらしい。これは〈共に生きる〉ことがその本質である直感の特徴なのであろう。

前記の表現にある「共に」という言葉の意味については吟味が必要である。「異質なものの共存在」と呼べるような事象がそこに示唆されている（本論では、後続の項で「直感の要素間の補完」という概念について述べることになる）。他方、「想像力」は〈単独で生きる〉ことにその特徴があることが示唆されている。だからこそ、「想像」は創造の心理作用において中心的に働くのであろう。だが、このことについては、直感作用における創造性との差異について吟味が必要である。

既述したとおり、直感も「想像力」も、そこに空無が用意されていなければ十分機能しないことでも一致している。常に「現実」と共に生きる直感においてさえそうである。直感は、「現実」と共に生きるがゆえに、かえってその〈共生〉を完全なものにするために空無は用意される。そう考えれば、この二種の空無においてはその担う意味が違うことが分かる。

「想像」においては、自己主体がそこで自由に、思いのままに生きるために空無は用意される。他方、直感においては、「現実」に対して主体が新たに一体化（一致しない場合は二重化）するために、空無は用意される。それが直感の場である。

時間との関係で述べれば、「想像」は、未来に向けての心的営為である点に特徴的である。客観的時間においても内的時間においてもそうである。

客観的時間において過去に向かい、内的時間においては想像と同様に未来に向けてする心的営為は想起と呼ばれる。想起もまた、想像や直感と同様に空無が用意されることにおいて類似している。

他方、直感においては、心的主体は常に今ここにおいて生きる。客観的時間においても内的時間においてもそうである。現在性が直感の本質なのである（その現在性は、未来や過去の時間と交ざり合うことにおいて特殊なもののようなのだが、このことについても後続の項で述べることになる）。

これまで記してきたことを、心理臨床の文脈に引き寄せて考察すれば、次のような一つの結論が出る。一人の具体的な人間の理解において直感を多く活用するとき、自己主体は自己を無にして対象を全的に存在させようとする。そのようにして対象理解に達しようとする。

他方、そのような臨床の場で「想像力」を多用しようとすれば対象の実像は歪められる。それは創作行為に近づいてしまう。この弊害を阻止するためには、「仮説—検証システム」としての分析が動員される。直感作用における「空無」の代わりに、また想像作用における「自己主体」の代わりに、分析作用においては「仮説—検証のシステム」が据えられる。生活史を読もうとするときには、この三種の方向に心理的営為が働くのである。

しかし、これら三種の心理作用は、実際の場面では相互補完的に働いていると考えるのが妥当であろう。それは水と油のようにまったく相容れないものではなく、それぞれの関係において相互補完的なのである。たとえば、直感がイメージを求めるときには想像力の力を借りなければならないように。直感と感覚の相互補完性については次項で述べる。

b.　直感と感覚との関係

直感と感覚との関係については、先行する項でその対立性を述べた。しかし、ここにきてその関係の複雑さが明らかになったので、その点について若干触れておく。ユングがこの二つの心理的機能を非合理機構としてまとめたことについてもすでに触れた。

これまでの分析で明らかになったように、直感は「現実」や「事実」に向けて働く心理作用であることに一つの大きな特徴がある。それによって想像力の作用と一線を画されている。興味深いことは、感覚もまた常に「現実」や「事実」の場で常に起こることである。想像作用において感覚は働かないか、働きにくいことは実際に試してみればすぐに明らかになる。他方、直感と感覚は、「現実」や「事実」との関係で特徴的に働く心理的機能のうちの非合理機構なのである。この一見対立的な二つの心理作用は、その機能基盤は共通している。共通しているがゆえに並立しがたいのである。その点をさらに詳述すれば次のようである。

同じ共通基盤である「現実」や「事実」を前にして、この二つの機能は異種の分担を引き受けている。つまり、感覚は、視、聴、触、味、臭など明らかな「現実」や「事実」に向けて働く。他方、直感は、逆にそれぞれの明らかでない（特に見えない）領域に向けて働く。同じ「現実」や「事実」を基盤にしながら。それゆえ並立的ではなく、対立的なのだが、別の観点からすれば相互補完的なのである。

特に、直感は感覚を後衛に置いて自らの役割を全うできる。感覚が後衛に退いているときに直感的体験は十全になりうる。感覚的体験はその逆である。

前記のことは、すでに〈持続的直感〉、〈瞬間的直感〉と述べた概念についても、援護的根拠を与えてくれる。持続的直感においては、感覚が前衛に立ち、直感が後衛に退く傾向が常態的に混入している。瞬間的直感においては、直感が前衛に立つときに十全に働く。これはまた直感的意識というものが、放っておけばいつでも減退し、感覚に侵食されやすいことを暗示もしている。それを避けるためには、本節で繰り返し述べた積極的な「注意」と「関心」が必要となる。これらについて新たに〈消極的直感〉、〈積極的直感〉という概念を加えることが可能であろう。特に生活史の読みにおいては、この後者が重要であることは既述したとおりである。

六　まとめ

本節を含めた三節を通して、心理診断の一分野である少年鑑別所の鑑別に焦点をしぼって、特に直感との関連で検討を加えた。心理診断においては直感の働きは単に重要であるだけではなく、不可欠なものであることもそこで確認できた。特に、心理診断がその後の治療や処遇に直結していこうとするときにはなおさらそうである。「面接」と「作文分析」と「生活史の読み」が三本の柱となるが、特にこれらの領域で直感の働きは目覚ましく、しかも有効であることを確認できた。直感を中心に据えたこのような心理診断を〈直感分析法〉と呼ぶことを提唱する。

直感と分析という異質なものを組み合わせることには、その方法の極端化を防止する狙いがある。臨床のような現実の場では、中庸こそ善であるという東洋的教えに従うのがよいと思われる。直感分析法は、これに各種心理検査等の資料が補足的に使用されることできわめて有効な心理診断法になるはずである。しかも、それは必然的に治療や処遇に直結していくはずである。そして、このことは実際の鑑別臨床の場で現に一部実際に行われていることである。これら諸節の論文はことさら新しいことを述べているのではなく、すでに実際に行われているものに理論化と体系化の作業を施しただけである。今後の課題としては、このような直感分析法をさらに確かなものとして定着させる試みが残される。

直感はその含みもつ神秘性から、ややもするとそれが実証的科学から異端視されたり、あるいは直感の強調が各種の意味で危険視されることも多い。さしあたってこのような誤解を払拭するために、直感分析法と現実との関連に焦点をしぼってさらに検討を加えることが、今後の当面の課題となるだろう。

注

（1）「タイプ論（Psycholoische Typen, 1967）」林直義（訳、一九八七）みすず書房

（2）「形而上学入門（Introduction à la métaphysique, 1903）」、邦訳「ベルクソン」（『世界の名著』64、中央公論社）所収。

（3）文章についての研究は、言語学的試みが形式主義と構造主義の方向に進んで一つの限界状況にあるととらえられる。その中で一つの有効な試みが認められる。存在論的点検と文章実践の場での再検討を同時に進め、科学の限界を逆手にとって集合論と微積分の数学的方法を根幹に据えて模索されている記号論的分析法の試みである。存在論的点検と文章実践の場での検討を土俵にしていることにおいて直感分析法と同じ出発点に立ちながら、方法としては対極にある試みである。ここで報告した「課題作文」をはじめとする作文分析法においては、この二つの方向が将来的に重要なものになるととらえられる。そこには多くの新たな実りが予想できるのみならず、科学そのものを前進させる要素と、現在の科学の置かれている状況（それはとりもなおさず今の世界が置かれてい

る状況）の革新を内に孕んでいる。

（4）H. Bergson の哲学の基本概念である（「生の躍動」）。「道徳と宗教の二つの源泉（Les Deux Sources de la Morale et de la Religion, 1932)」、邦訳「ベルクソン」（「世界の名著」64）所収。

（5）フランスの近代詩に多く見られるような、言葉同士の衝突、組合わせを通して生み出される詩的効果（意味の産出）は、ちょうどこの意味Bの裏側に位置する。〈ないありようとしてすでにあったもの〉が意味Bとすれば、ある種の詩における言語効果は〈いまだあらざるもの〉として位置する。前者は、直感分析論からすれば、非自己要素の「根源」が主となり「超越」が従となるととらえられる。後者は、逆に「超越」が主となり「根源」が従になるととらえられる。これとの関連事項については、第二部「拠点編」の論述を参照していただきたい。

（6）たとえば、サルトルの場合は、知の機能との対比で、直観を知の機能より下層のものとしてとらえる傾向が強い。またユングの場合は、意識層と無意識層との関連でとらえ、直観のもつ有用性を強調しながらも、その危険性をも指摘する。またフッサールの場合は、表意作用との対比から、あるいはその基礎付けとして直観作用をとらえ、その作用の態様に応じて、たとえば知覚的直観、想像的直観などと呼ぶ。またベルグソンの場合は、生の営みとしての体験的認知作用の側面が強調される。いずれも互いに類似しているのは当然であるが、それぞれの個性に応じて差異もはっきりしている。

（7）ピアジェの「哲学の知恵と幻想（Sagesse et Illusions de la Philosophie)」が発刊されたのは、一九六五年である。その序論で、彼はこの著作を止むに止まれない気持で書き始めたことを告白している。フッサールによって基礎づけられた現象学の台頭と、それに影響を受けた哲学的心理学の流派の隆盛に対して、実証科学的心理学の立場から危機感を抱き、警戒心の衝動からこの作品は一気に書き上げられたものらしい。しかし、われわれの生きている現代は、実証的科学の態度がその対象とする現実や事実との間の乖離を大きくし、その実用性に一つの限界があらわとなるという新たな状況に直面してきている。ピアジェがその著作で一刀両断するようにしてフッサールの〈直観〉を切りつけた同じ刀が、今度は実証的科学に対して返すように向けられようとしている現実には、歴史の大きな変化がうかがえる。そこで問題となっていることは一貫して〈事実〉という問題である。〈事実〉に対してより確実に触れているのは実証的科学なのか、直感の方なのか。この著作は、自ら反転するようにしてそのような問題提起をしつづける。ここで言えることは、現在〈直感〉は単なる信奉なのではなく、事実の領域に入ってきていることである。それ自身が心理的事実としてそうである。

（8）エリクソンは、アイデンティティー概念を、個人の心理的発達と社会の歴史的発展と交錯するところに生まれるものとしてとらえる。その必然的結果として、彼は一つの研究的方法を見いだした。一人の人物を、伝記（可能ならば取材もして）などから、その生涯を心理・歴史的に探究する方法である。その成果が、「ガンディーの真理（Gandhi's Truth, 1969）」、「青年ルター（Young Man Luther,1958）」などである。そこでは、客観的な実証性よりも、体験的関わりが方法論の中核に据えられている。その点は、本書の主題である直感分析法と共通する側面がある。

第二章　直感分析法

直感分析法は、諸々の種類の事実や事象に対する認識の方法である。それに制限を加えるとすれば、事実や事象の種類を物理的なものと心理的なものに区分し、特に後者に関する認識方法とすることである。その方法、内容、およびそこでの主要素となる直感の概念内容については第二編で改めて取り上げるので、ここではこれまで述べたこと以上には繰り返さないが、本章では主として現実概念との関連で取り上げる。その際、この方法が少年鑑別所の鑑別業務から生まれたものであることから、とりあえずその対象的事実を非行に限定し、以下若干の考察を進めることとする。

第一節　直感分析法と現実性

直感分析法とは、対象が人間である場合には「面接」と「作文分析」と「生活史の読み」とを三本の柱とし、それぞれの領域で直感を中心的方法に据えて行う分析法である。これを分析法と呼ぶのは、直感の行きすぎにブレーキをかけ、他の科学的方法の援用も含んでいることを示すためである。直感の極端化としての予言、占いのような側面を防止し、また同じく直感が主要な方法的要素となる諸々の芸術鑑賞と一線を画す意味もある。たとえば、文芸作品を対象とする文芸評論は、直感分析法の内の作文分析法と類似していて、この両者の間で交流も可能だが、そこに分析的要素が入れば芸術的晦渋性が減じられることになるだろう。とりあえずここでテーマとしている非行の問題では、各種心理検査などの資料はこの分析的要素として必要とされる。以上のことを前置きとして、以下これら三領域についての直感分析が現実性との関連でどのような働きをなしているかを考察し、その三極構造の特徴を浮き彫りにできればと思う。

一　面　接

「面接」とは、言うまでもなく人が別の人の話を聞き、その人に属する「あること」を知ろうとすることである。ここでは鑑別面接が問題となるので、「別の人」とは非行を起こして少年鑑別所に収容されている少年である。これが大枠としての第一の現実である。次いで、その面接場面が第二の現実となる。

その「面接」で知ろうとしていることは、非行に関連する「何か『あること』」である。そして、それが分析的面接ではなく直感的面接であるとされるとき、「非行に関連する何か『あること』」はさらに狭く限定される。

非行に関連する情報的な要素、単純に言葉に還元される要素は、それがすべて排除されるわけではないにしても二次的なもの、後衛（あるいは前衛）に位置するものとなる。直感的面接が第一義的に目指していることはそのようなものではない「何か」である。直感的面接はそのように目の前の少年の語りに含まれる当該のもののもつ現実性を狭く限定する。そこにもなお現実性があるとしての話だが。

おそらくそこからは現実性は消えているか、そうでなくとも変質しているはずである。なぜなら、その場はすでに具体性（目に見えるもの、単純に言葉に還元できるもの）の欠落した場だからである。

〈少年の語り〉という現実性の向こう側に直感が向かおうとするとき複雑さがあらわとなる。その求めているものはとりあえず「何か」としか言いようがない。〈少年の語り〉としての言葉に隠されている「何か」である。と言っても、それは〈語り〉の内容のことではない。直感は〈語り〉そのものに向かっている。その内容ではなくて、内容を通った向こう側にまで行こうとする。

〈語り〉は言葉だけでは足らず、言葉の意味する内容だけでも足らず、〈語り〉の主体の背後のものをもちろん含むはずである。それが〈語り〉の全体であって、直感はその全体と向かい合う。半分には現実性が保証され、半分にはそれが保証されていない。とりあえず直感はその現実性の保証されていない方向に矛先を向けている。形而上学にならって、現実性の保証付きのものの方を現実態（エネルゲイア）、その保証のないものの方を可能態（デュナミス）と呼べるであろう。まさに隠されている「何か」である。

直感が向かおうとしているのは、〈語り〉の主体の〈語り〉のすべてであり、そこにある可能態である。これはすでに半分は現実ではない。〈語り〉の内容に限定されない〈語り〉のすべてとは、〈語り〉のあり方のことである。それは現実態でもあり、可能態でもある。今現に一人の非行少年が語っていることそのものにおいて現実であるが、その〈語り〉が成立している背後に関しては可能態である。それが〈語り〉のあり方ということである。それを主観という概念で述べれば分かりやすくはなる。

直感的面接とは、主観が現実化する場に立ち合うことであり、そのようにして立ち合うことによって主観を直感の場に導くことである。

この〈語り〉は非行によって色付けられてもいる。現実態でもあり可能態でもあるこの語りに、非行という新たな現実性が参加する。可能態としての「何か」がその〈語り〉を支えているが、同時にそれは非行という現実がそれを支えてもいる。

この〈語り〉は、「少年の主観（その奥にある『何か』）」と「非行事実としての客観」によって支えられて進行する。そして、直感はその「何か」を目指して、そこに参加している。その「何か」とは、おそらく主観という移ろいやすいものの中にある定点である。

興味深いのは、いかにも固定化していると思われる「非行事実」の方には、少年の生の動いて止まないものがその背後に想定されることである。この逆説的交差についてはまた後に触れる。

直感が直感的面接で目指しているものは、〈語り〉という移ろいやすい主観の背後にあってそれを支えている可能態としての、つまり時間性に縛られない定点のようなものと言うことができるであろう。分かりやすく換言すれば、その主観を成り立たせている〈核〉とか〈筋〉といったものであろう。〈核〉は細胞の核との関係にアナロジーがあり、〈筋〉は物語の筋との関係にアナロジーがある。

主観とはおそらく、このように動いて止まない言葉の群がりの上に漂う定点のようなものという二律背反的説明が可能であろう。この状態をとりあえず「事象X」としておく。すでに述べたように、これとは別のものとして、もっと明証性のはっきりしている非行事実が客観的に与えられている。一見すると固定化していて、びくともしない凝物のようにしてそれはあるが、この背後にまで直感を届かせようとすれば、そこにもまた変転極まりないもう一つの現実が見えてくる。この方は時間性に縛られているからより客観的要素は濃いが、少年の生活というとらえ所のない広がりの中にそれはあるから、必ずしも単純ではない。これを「事象Y」と呼ぶことにする。

直感的面接をする者はこのような異種の二つの事象の前に立たされる。現にここにあるのは「事象X（少年の語りのありよう）」の方だが、「事象Y（少年の語りの内容としての客観的事実）」が過去・現在・未来という時間性の中でこれに結びついている。

「〈今ここにある〉事象X」は「事象Y」の一つの結末なのだが、それを逆に言うことも可能で、「事象Y」は「〈今ここにある〉事象X」の結末でもある。なぜなら、「事象X」に内在する〈核〉と〈筋〉が、今現に〈語り〉を成立させているのと同じように、「事象Y」を成立させているに違いないからである。このことを分かりやすく換言すれば、非行事実は現に目の前にあるものとしての少年のあり方の〈核〉や〈筋〉の結末であり、逆に現に目の前にいる少年のあり方は過去にそうあったものとしての少年の生活、少年の非行事実の結末なのである。それで直感はそのどちらにも共通のものとしての〈核〉や〈筋〉を目指すことになる。

二　作文分析

「作文（以下、直感的読みの場合の作文と一般の作文との区別は必要時にのみ断る。「読み」と書く場合も同様。また、作文とは「作文分析」を意味する。単に作文を意味する場合もあるが、それについても特に断らない。以下同様）」が前項の面接（この場合も、前記と同様）と本質的に違っている点は、そこで使用されている言語の形態である。前者は「書き言葉」であり、後者は「話し言葉」である。そのことから必然的に、前者には過去の痕跡としての特徴が生まれ、後者からは現在性が特徴的に生まれる。

そのように「作文」は「面接」に比べると〈現在性〉は希薄で、〈書き言葉〉の現前と、それを読む者の心理作用の現前に限定される。そこでは〈過去性〉の痕跡としての〈書き言葉〉と、〈過去性〉の蘇生としての〈読み〉が主役となる。

書き行為においては言うまでもなく〈書き手〉としての少年がすべてであり、その独壇場であり、原則的には〈読み手〉は質問することもできず、もちろん〈書き〉の修正を迫ることはできない。それが過去性としての「作文」の本質である。だが、逆に〈読み〉の行為においては、今度は〈読み手〉の方が〈現在性〉の方をすべて引き受ける。少年の側のありようは、その〈読み手〉の〈現在性〉の力を借りて初めて蘇る。

ここには「〈過去性〉となって固定した〈現実性（可能態は現実態の中に吸収されて消滅する）〉」と、「その蘇りとしての〈現実性（読み行為を通して、新たな可能態が現実態に加わる）〉」の二重構造がある。しかし、前者の方は前項で述べた「事象Y（語りの内容）」に対応し、後者が「事象X（語りのありよう）」に対応することから、「作文」と「面接」は構造において似た面もある。

前章でも述べたが、実務で、たとえば判定会議の席で担当者以外のメンバーがこの「作文」を「面接」の代用資料として使用する際その有効性が高いのは、このような「作文」と「面接」の類似点によっている。前項で述べた〈現実性〉の問題は、その態様とそこで働く力動こそ異なるが、「作文」の場合にも通ずるのである。つまり、「面接」で保証されたような〈現実性〉が「作文」においても保証されている。

「面接」との差異としての「作文」の特徴について、前記のこととも重複するが、以下若干触れておく。前記したように、ここでの〈現実性（現在性としての）〉の主役は〈読み〉の行為である。その〈読み〉は〈過去性（この意味は二重化していて、一つは少年の生活としての過去であり、いま一つは書き行為を終えているという意味の過去である）〉の痕跡としての「書き言葉」とともに進むから、進行の主体は〈読み手〉側にはない。〈過去性〉となった「現実」が主導する。つまり、〈過去性〉となった「少年の生活」と、「それを想起して書き綴った文章」の両者が主導する。問題は、「作文」固有のものとしての読み行為である。その進行の主体は〈読み手〉にはないのだが〈読み〉によってどこに導かれるかは向こう側にある）、〈読み〉の心理作用はすべてこちら側にある。この特殊構造こそが「作文」の直感分析の本質である。

ここでも直感が目指すものは、「面接」でそれが目指したものと変わりはない。読もうとする対象は単に言葉の〈明証的な意味（既出論述で「意味A」と呼んだ。）〉でもなく、またその上に乗っている〈情報〉でもない。前記の〈核〉や〈筋〉に当たる「意味B」の方こそが主である。

その際の読み行為において大切なことは、前述したように向こう側に下駄を預ける構えである。そのようにして初めて直感の〈場〉であり〈働き〉である「空無」が用意され、それによってこの直感分析の〈現実性〉が保証される。一つには、「少年のありのままの生活としての現実（嘘の記述をしていれば、次に述べるように嘘としての現実）」がその場に現れ、いま一つには、「自らの生活を想起している少年の心理作用としての現実（嘘も含まれる）」がその場に現れる。この読み行為には、そのようにして二種の「現実（過去となった）」が向こう側から直感作用の恩恵として出現し、それが〈読み〉としての〈現在性〉の現実に結晶する。

このように〈現在性〉としての現実はこの読み行為にしかなく、それは一方的に〈読み手〉のものである。だが、それは現に今生きている現実であるから、そこに可能態が混入する。その可能態の混入の仕方は複雑である。

一つには、「意味Ｂ」を読もうとする直感特有の働きに原因がある。この「意味Ｂ」はもともと少年の書いた作文に内在し、したがって少年そのものに内在し、それゆえ少年の生活、ひいては非行事実にも内在したはずのものである。これは、少年が生活し、そして少年鑑別所で作文を書いた事実の〈現実性〉においていったん消滅したはずの可能態のことである。

〈読み手〉の読み行為において、その可能態が復活する。復活できるからこそ、それは可能態と呼ばれうる。だが、これはもはや単に一方的に少年の側にのみある可能態ではない。〈読み手〉が新たにそこに参画している。これが、第二の可能態の混入の要素である。

可能態は〈読み手〉の側からも新たに、と言うより読み行為に触発されて生まれてくる。この輻輳化した可能態こそがこの読み行為を生動化し、それに血と肉をもたらす。それが作文の直感的読みの本質であり、特権である。

この際、重要なことは、この可能態は現実の裏側で消滅したり復活したりして潜在しているものだから、けっして〈現実性〉から遊離してしまうことはないことである。ここで働いている直感はそのような直感であって、直感の特質がそれと結び付いている。ここでキーワードとなっている可能態については次項でまた新たに触れる。

三　生活史の読み

先行する二つの節の文脈に従って述べれば、「生活史（以下、〈生活史の読み〉を意味する場合も含む）」とはまさに過去の現実の痕跡そのものである。「面接」においては、この種の〈過去性〉は〈語り（口述の）〉の〈現在性〉の内にすべて吸収され、過去の痕跡と呼べるようなものは〈少年の語り〉の〈現在性〉の後ろ側に消滅している。つまり、〈現在性〉こそが「面接」の本質であった。

一方、前項で述べたように「作文」においては、過去の痕跡は、「作文」の〈書き手〉の過去の生活が文章化されるなかで一つの痕跡を現し、またそれが〈読み手〉の前に「作文」という形で提示されることで第二の痕跡を現す。だから、「作文」の本質は〈過去性〉のなかにあるのだが、それが直感的読み行為（〈現在性〉）のなかで蘇って現実の蘇生が図られる。

その際、第一の痕跡を残す過程で可能態が機能しつついったん消滅し、また第二の痕跡を残す過程でも同様な変化が生じ、最後に直感的読みの〈現在性〉において、〈書き手〉の可能態が〈読み手〉の可能態と一体となって、あるいは重複化して現実として結晶する。

それでは、次に「生活史」ではどうかと言えば、今述べた「作文」の〈過去性〉がさらに徹底化され、そこにある過去の現実の痕跡の要素はいっそうその〈過去性〉を強くし、〈書き手〉の少年の内側を通過せずに（つまり、そこに可能態の介入のないままに）、それは「生活史」として、つまり一つの客観物として提示される。そこに非行事実も含まれる。

「生活史」とは、〈過去性〉そのものなのである。それは「面接」が〈現在性〉そのものであることの対極にある関係である。だが、ここでも、「面接」において〈過去性〉が背後に潜むように、今度は可能態がいったん消滅し、死んだようなふりをして潜在しつづける。それが生きている、生きてきた少年の歴史としての「生活史」のありようである。

「生活史」は単なる事実を積み重ねた履歴書のようなものではない。直感はこの部分に働きかける。現実論的観点からみれば、ここで起こっている現象は複雑である。

端的に言って、内と外の交差という問題があり、それが「生活史」の直感的読み行為の本質を成している。〈過去性（過去の現実の痕跡）〉そのものとしての「生活史」は、その非行事実を含めて外なるものであって、それは「生活史」の主体である本人が自らの過去の現実として認めたものである。と同時に、第三者もまたそのようなものとして認めた事柄である。だが、複雑さはここにある。

つまり、そこに記載されている事柄がそのようなものでありながら、その主体が一人の生きた人間であることにおいて、そのように生きなかった事柄としての可能態をその背後に潜在させていることである。前述の「死んだようなふりをして」というのはそのような意味である。

さらに複雑なのは、ここで扱われている事柄の主題が非行であることによって、その「生活史」は現実との関係で複雑化することである。端的に言って、ここでの主体である少年は成人になる前の人間であるという限定から、大人のレベルの現実（これを「社会的現実」と以下呼ぶことになるが）からすれば特殊で、そのレベルからすれば本来可能態と思われる現実が、現実態として外に現れてしまう。

内と外の交差ということは、第一に上記の事象を指す。少年の主体において「外」つまり「現実」であるものが、大人の目からすれば「内」つまり「非現実（非行）」なのである。と言って、この主体としての少年はそのような生活を生きることにおいて、なるほど彼の現実を生きているに違いないのだが、その未熟性によって常に内から生きている。これが第二の内と外の交差である。

少年自体において、いまだ内と外の不明確であること（つまり未成熟、その結果としての非行）の帰結として内と外が交差する。このような内と外の交差とは、これまでの文脈からすれば、現実態と可能態の交差ということだが、それが目まぐるしく入れ替わることにおいて複雑さが極められる。これも端的に述べれば、そのような「生活史」を直感的に読むということは、そのような目まぐるしい複雑さのなかに定点を捉えようとすることである。内と外の前述のような機微に適切に対応できるのはただ一つ直感のみと言っても過言ではなく、生きた人間の記録としての「生活史」の読み行為においてこのような直感の果たす役割は如実であり、それはまさに直感の特権である。しかも、それが現実から一歩たりとも退きもせず、遊離もしないのは、「面接」や「作文」と同様で、とりわけ「生活史」の場合、内と外、可能態と現実態の交差する機微（それが現実そのものの生動性だが）を前にして、最も有効な力を発揮する。

四　直感分析法における三極構造

すでに述べたように直感分析法を人間理解のために活用しようとするときには、「面接」、「作文分析」、「生活史の読み」の三本の柱が有効に働くが、これらの働きは相互に似ていながら、しかもそれぞれ固有の特徴がある。〈現実性〉との関連でその特徴はきわ立っており、その際、それらを特徴づけている要素として二つの観点がある。

その一つは、主観・客観の問題であり、いま一つは、過去・現在の問題である。〈現実性〉の態様として二つの範疇、〈内なる現実〉と〈外なる現実〉があることは一般的な共通認識であろう。前者は心的（心理的）現実と呼ばれ、後者は客観的現実と呼ばれたりする。主観・客観の問題はこの事実と密接している。

翻って前記三本の柱をその観点から整理すれば、「面接」は、話す主体の主観として特徴的であり、それが〈内なる現実〉を表している。「作文」は同様に、書く主体の主観として特徴的だが、「面接」に比べると、「書き言葉」の特性として過去の客観的事実の記述という要素が強くなることから、その主観は客観の特徴によっても色付けされる。次いで「生活史」は、それが文字通り客観的事実としての生活の記録であることから、客観が特徴的になる。それは文字通り〈外なる現実〉である。ここに、前記三本の柱が主観と客観の要素を媒介にして、それぞれの役割を分担している三極構造がある。

次に、時間性（過去・現在）の観点から見ると、ここにも特徴的な構造がある。すでに述べたように、「面接」は、口述による〈語り〉としての〈現在性〉をその第一の本質としている。その現在進行形という形態が〈内なる現実〉を形成している。

一方「作文」は、過去の生活を記述することが特徴的であり、また直感分析時には、すでに書かれつつあった〈過去進行形のありようの〉ものとして過去の特徴を刻印されている。ただし、それを読む行為においては、「面接」と同様に〈現在性〉を本質としている。

次に、「生活史」においては、「作文」において特徴的であった〈過去性〉はさらに徹底され、それが過去の生活の記録であることにおいて過去そのものとなる。「生活史」にも「作文」同様に読み行為が加わるが、前者が後者よりも外なる〈現実性〉が徹底化されることによって、その読み行為は現在形のありようをしているが〈過去性〉に強く縛られる。ここに、前述のものとは次元を異にするもう一つの三極構造がある。

以上のような三極構造を舞台にして、非行を起こした当事者としての〈少年（シテ役）〉と、それを直感分析しようとする〈事例担当者（ワキ役）〉がそれぞれの役割を演ずることになる。そのテーマ（演題）が「非行」である。なお、〈時間性〉の観点からさらに付言しておけば、少年はこの事例の当事者であることから〈過去性〉とも〈現在性〉ともなじみ深いが（ただし、「作文」や「生活史」の読み行為においては舞台を降りる）、一方〈事例担当者（ワキ役）〉の方は〈現在性〉になじむ。また、テーマとなる「非行」は、どちらかと言えば〈過去性〉において前景に立ち、少年の生活史上の資料は非行を中心にして収集されるから、逆に〈現在性〉において後景に退く（そこでは広く〈人間性〉全般が取り上げられるようになるから）。

第二節　非行と現実性

一　現実論的観点から見た非行

バブル絶頂期、非行現象の戦後の動向として第三のピークが形成されたことは周知のことだが、その当時の非行形態の特徴について「遊び型非行」と呼ばれた。非行を遊びと混同することの不適切さから、「初発型非行」とか「現代型非行」などと呼び変えられたりもした。しかし、遊び動機の非行が必ずしも初発型非行と同一ではないことは明らかであり、また「現代型非行」という呼び方が仮称であることは、今の時代にすでに当時とは似ても似つかない非行が現れてきていることからも明らかである。

当時の非行の特徴を「遊び型非行」と呼んでおくのが一番理にかなっていると、今になってはっきりしてきたのも皮肉である。実際、当時の非行の主流である暴走族非行やシンナーを中心とする毒劇物非行に見られる遊び性は、他の非行にも特徴的に認められたもので、戦後間もない時期の第一のピークに見られる非行の明確な目的性や、その後の非行の特徴としての強盗非行の急増とは一線を画す本質的特徴である。

非行に見られる遊び性とは、そのように戦後史のある時期の非行動向に刻印された一つの特徴だが、それはまた同時に非行そのものに宿る本質的特質でもある。ここで述べようとすることはその後者との関係においてである。このことは前項でも一部触れてきたことであり、現実性との関連で非行について述べるとき、この問題は避けて通れない。

〈現実性〉の概念についてはここではまだ明確な定義づけをしていないが、すでに触れたように古くはアリストテレス（Aristoteles）の時代から哲学の根本命題として扱われてきており、ここでもすでに現実態（エネルゲイア）と可能態（デュナミス）という概念を重要なキーワードとして使用してきた。[1] 現実概念については、このほかにもごく一般的なものとしては夢や理想との対比で取り上げられたり、また精神科学的分野では想像との対比で取り上げられたりしている。後者との関連について述べれば、想像作用と現実との関係はここでの文脈上無視できない重要性があって、それは想像を広く空想や幻想まで含めれば、ウィニコット（D.W.Winnicott）の移行理論に特徴的な「遊び」と「現実」の対比としてはっきりする。[2]

しかし、ここでは上記のような〈想像（以下、広義に使用）〉や〈現実〉について、あるいは移行理論などについて詳論するゆとりはないのでその説明は簡略化するが、そこで問題となっていることは、「想像」と「現実」とを対立概念ととらえるのではなく、人間の発達、あるいは文化の発展において、両者の関係は互いに補完的に作用しながら理想の形に進歩していくといったことである。

人間には原初の形としての赤子の状態があり、精神分析的観点からすれば、たとえば母子関係を通して「想像」と「現実」の相互関係が進行し、すでに述べた〈内なる現実〉から〈外なる現実〉へとその関心の対象は発展し、その過程に段階的に移行過程があるとする。これが大雑把にとらえた移行理論である。そこでは「空想」とか「遊び」などの要素が〈外なる現実〉への移行過程として有効に作用するとされる。このような理論はフロイト理論の発展として生まれているのだが、すでに述べたように「想像」と「現実」との関係をその相互性においてとらえ、精神障害などの治療においてもその相互性を有効に生かすことが第一と考える。その点においてフロイトの精神分析を超えようとするもので、これは現代の精神分析全般に広がる顕著な傾向である。

このような考え方が人間の個人的発達や精神障害の問題にとどまらず、人間文化の発展の問題にまで広げられる特徴もまた精神分析学派に広く行きわたるもので、たとえばエリクソン理論もその流れにある。したがって、非行が「遊び」と「犯罪」とのリンクとして特徴づけられるという文脈に沿って「非行」について論述しようとすると、前記の考えとの近親性が顕著になる。

「非行」が「遊び」と「犯罪」のリンクであると述べたとき、それに異論を唱える人もそういないと思われるが、前記バブル絶頂期における非行のことならともかく、最近の重大非行に見られるようなものを頭に描けば、そのような見方に眉をひそめる人がいてもおかしくはない。実は、非行問題の抱える難しさはこのことの内にある。

扱われる対象が単なる発達心理や精神障害の問題であったり、あるいはもっと広汎に人間文化全般にわたる精神活動のことであったりする場合には、前記移行理論の適用も問題ないが、非行問題がその対象となるとき事情は違ってくる。ここで問題となる〈外なる現実〉とは、現実概念としては最もシビアな法的な現実のこととなるからである。筆者はこのような非行問題に向けて短絡的に移行理論を適用するつもりはないが、非行が既述の心理発達や精神障害や文化一般のことと無縁ではなく、むしろそのいずれにも近親関係をもつ現象であることを思えば、その根底に同じような問題があることは否定すべくもない。実は、このことを直視することが、現在問題となっている非行問題の複雑さ、深刻さ、あるいはその解決策の模索的状態を前にして最も大切なことであるというのが筆者の現在の状況認識である（本節原稿執筆時のこと、以下同様。ただし、現時点である本書原稿執筆時と大差があるわけではない）。

「非行」とは「遊び」と「犯罪」のリンクであるという認識からこそ正しい探索の道は開けるはずである。これは何もあのバブル絶頂期の一時期の問題ではない。いつの世にも非行とはそのようなものであるはずなのである。だから、問題はそのような非行をどのようにとらえ、その上での対処法を探ることである。それで、結論として直感が登場する。

「非行」がほかならぬ「遊び」と「犯罪」のリンクであるとすれば、その両者を共に視野に入れることのできる視点を確保することが不可欠である。ここでは単に心理発達や、あるいはその挫折としての精神障害に関わる心的現象のテーマとしての「遊び」が問題なのではなく、同時にまたそれは最もシビアな現実としての法的現実を侵犯する「犯罪」が問題ともなっている。

ここで扱う「遊び」は移行理論に通ずる同じメカニズムに従いながら、この法的現実ともまた「想像」を媒介にしてリンクしている。非行の抱える複雑さとはこの二重化した構造なのであって、この複雑さを前にしてはおそらく直感のみがこれに適切に対処できるのであって、その理由はすでに述べたとおりである。なお、直感がどうして「現実」の複雑さを前にしてこのように有効なのかについては、後にまた一括して述べる。

二　犯罪と非行の現実論的差異

前項で述べたように、「現実」の最もシビアな形態とは法的現実のことであろう。そこでは合法か違法かは時の司法機関によって明快に結論が出るからである。その意味でシビアなのである。このシビアさをいま少し軽減したいとなれば、社会的現実という言葉を使用することが可能であろう。これは、ごく一般的にその社会でおおむね共通理解の得られている現実概念を想定すればよい。しかし、言うまでもなく社会の構成員は人様々で、その共通理解を得ることは実際的には不可能で、とりわけ法的現実においては問題とならない体制、反体制の問題が考慮されればたちまち現実概念は揺らいできて、あいまいさが露呈してくる。

体制側にとって現実とされるものが、反体制側にもまた現実ととらえられるかとなるとあいまいである。ここでは最初から現実態（エネルゲイア）と可能態（デュナミス）のキーコンセプトを使用しているのは、このあいまいさをあらかじめ防止するためであった。「現実」は必ずしも現実態のみによって成り立っているのではなく、潜在する、あるいは顕在する可能態によっても成り立っている。そのあいまいさをそのまま生かそうとすれば、社会的現実という包括的概念を使うよりない。

社会的現実という概念を今ここで問題としている直感分析との関連でとらえれば、事態はより分かりやすくなるであろう。「鑑別面接」と「生活史の読み」においてこの社会的現実は一つのキーコンセプトとなる。とりわけ「生活史の読み」においてはこの概念は重要な働きをなし、その読み行為における臨床的技法のコツのようなものとも関連する。

生活史は、とりわけそれが非行少年のそれである場合には、既述した社会的現実の二つの要素（現実態と可能態）があたかも文目模様のように交差し、展開する。ウィニコットの移行理論に従えば、青少年の非行行為とは成人の成熟した社会適応に向けての移行過程にあると考えられるからである。そして、それは現にそうである。だから、社会的現実のうち可能態（内なる現実）としての現実化（外なる現実への）の部分、つまり非行的行為（不良行為を含む）の部分を〈非社会的現実〉として別に摘出することもできる。

非行少年の生活史を読むとき、われわれはこの〈非社会的現実〉としての事実を多く読まされるのだが、それを直感で読むとき、直感作用の必然としてそれと一体化（了解）しつつ前へ進む。その際一つの基準として〈社会的現実〉をこちら側に用意しておくことが肝要で、直感の場で（無意識や前意識も総動員して）それとの比較対照が行われ、それによって対象の〈非社会的現実〉としての非行が如実にされる。あらかじめこちら側に〈社会的現実〉としての基準を用意しておき、それとの距離、あるいはそれとの関係を見定める視点を確保することで、直感分析はその効果を上げる。その際使用される〈社会的現実〉という概念は、すでに述べたようなあいまいさがかえって〈生きた現実〉をそのままその場にもたらすこととなり、きわめて有効な概念となる。もし、仮にそれとは別に〈法的現実〉を基準として直感分析の場に臨めば、生活史は〈生〉〈活〉〈史〉であることにおいて極端に制限されることになるであろう。

以上述べたことは非行の特質によって導かれる特徴だが、犯罪もまた同じ人間の犯す行為であることからすれば本質的な差異はなく、そこでも「現実態」と「可能態」が絡むようにして作用している。ただし、犯罪とは文字通り法的違反のことで、そのように定義されることによってそこでは〈法的現実〉が主役となり、常に「現実態」となった犯罪だけが主として問題とされる視点が用意される。「可能態」としてのあいまいさはここでは原則として問わないのである。だから、ここでは直感分析は、犯罪における「可能態」の要素も考慮する〈分析〉や〈処遇〉などに限って有効性を発揮できる。直感は体験的な関わりとして対象をとらえるから、そのすべてを共に掬い上げることがその本質なのである。

以上の論述を踏まえ、正確を期してあえてもって回った言い方をすれば、「犯罪」と「非行」の現実論的差異とは次のようなことになろうか。「犯罪」とは、その当事者および関係者ともどもその行為を、より多く社会的主体と社会的責任との関連で、より多く〈外から〉〈外として〉見る、法的現実からの違反行為である。他方、「非行」とは、その当事者にとっては、より多く非社会的現実（内なる現実）上の主体（遊びにも主体がある）と責任（遊びにも責任がある）との関連で、より多く〈内から〉〈内として〉見る、法的現実からの違反行為であり、彼らにしてみればより多く遊びとして捉えやすい、より多く非社会的現実（内なる現実）としての可能態からの現実化行為である。後者において直感が有効であることは、前記の記述においても明らかであろう。

三　処遇指針と現実性

少年鑑別所における鑑別作業の最終段階として「処遇指針の策定」という課題がある。少年の人間性なりその非行発現のメカニズムなりが分かったとして、それではその少年を今後どのように処遇して社会復帰を目指したらよいかといったことの立案である。ここでも前述の「社会的現実性」という概念は重要な意味をもつ。

すでに述べたように、非行は多くは「非社会的現実（一般に使われる非社会性の概念とは別のもの。内なる現実）」

の発現であるが、直感分析においては、対象となる少年の人間性なり非行なりをそのありのままの姿でとらえるべく直感作用の一要素として〈空無〉が用意される。その際、それと同時に一つの基準として「社会的現実〈外なる現実〉」もまた用意されることが肝要で、[3] 非行あるいは問題行動の発現としての「非社会的現実」と「社会的現実」との照合が分析者の無意識、前意識レベルで進められるのがあるべき直感分析の姿である。ここにすでに処遇への橋渡しの要素があって、実際にこの二種の「現実」の間の照合が問題となったとき、少年の方から自発的にこの差異に気づくこともあって、それは鑑別作業の副次的効果としてそれなりの利益をもたらす。

既述のウィニコットの移行理論に明らかなようにそれが治療なのだが、この治療ではクライエント側が自発的に移行上の差異に気づくことが効果的で、それがクライエントの成長を促す。ともあれ、そこで目指されているのは「非社会的現実〈内なる現実〉」から「社会的現実〈外なる現実〉」へ向けての前進である。その前進をサポートするのが治療であり、処遇である。したがって、処遇指針もまたこの基本的ラインに沿って立案されることが肝要で、その構えこそが処遇指針における〈現実性〉を保証する。

四　直感と現実性

①「現実」との関わりとしての直感

前項でウィニコットの移行理論と関連させて、「想像」と「現実」との関連に触れた。人間はその幼児期から始まる成長の過程において、「想像」の能力を中核にして〈内なる現実〉を〈外なる現実〉へと発展させていくというのが移行理論の核心になっている。〈外なる現実〉に「想像」のオブラート〈内なる現実〉を重ねて、少しずつ〈外なる現実〉に近づいていく〈それが「発達」である〉と換言してもよい。

その際中核的機能となる「想像」は主体側に一方的に偏るもので〈それが未熟性なのだが。すでに述べたとおり、ここではこの「想像」概念に空想や幻想や妄想も含めているので、厳密にはその差異を考慮する必要がある）、主観的偏りとか、自己本位的未熟さといった資質的要素はこのことと密接している。これは「想像」の否定的側面であるが、その半面としての肯定的側面がウィニコット理論では成熟過程、発達過程における不可欠な要素とされている。

これとは別に、想像作用にはいま一つの肯定的側面として〈外なる現実〉を変革する要素が考えられるが、この問題については従来直感の機能と混同して使用されてきており、詳細な再検討が必要である。ともあれ、本来想像は主体の側に一方的に偏るものであり、その未熟性が本質であることは、ウィニコットの移行理論一つを取ってみても明らかである。このように述べると「想像」を信奉する、とりわけ芸術分野の人びとから異議が出てきそうだが、前述したようにそのような向きの人びとの場合、現代のような錯綜した時代状況を前にして「想像」を過大評価しすぎていて、それゆえに一つの限界状況、閉塞状況を来していると筆者は思っている。

直感と「想像」との関連についてはすでに述べた。それを要約すれば、この二つの心理作用はある種の〈空無〉を土台にして作用している点は共通だが、「想像」の方が既述のように自己主体の側の一方的な働き（その典型が芸術領域における想像作用）であるのに対して、直感は〈空無の場〉を自己主体とその対象としての〈外なる現実〉との共生、協調の関係に立つ場とすることに最大の特徴がある。

「想像」はそれが自己主体の側の一方的機能であることから〈外なる現実〉と離れても存続可能で、その典型が「夢」のようなものであり、芸術や精神病理は創造や妄想と絡んでそれと密接性をもつ。それが現実との関係で論じられるときは、既述のようにウィニコットの移行理論を典型とするような内容の関係性で、「想像」は〈内なる現実〉という自己主体側の事情を中心にして〈外なる現実〉に重ね合わされる。それで、その隙間に〈オブラート〉が介在するという隠喩も可能となる。

他方、直感は〈外なる現実〉から分離することはその本質から不可能で、それは常に〈外なる現実〉との調和を宿命づけられている。直感が〈外なる現実〉をそのありままの姿でとらえようとするのは、あるいはそれが可能であるのは（それが直感分析法の核心だが）、そのような直感の本質的機能に由来している。

直感は〈外なる現実〉と不即不離の関係にある。したがって、そこで問題となるのはそのような直感の働く場としての〈空無〉を抱え込む自己のあり方であるが、これへの言及はここでは省く。一言付言しておけば、「想像における自己主体のあり方」と「直感における直感主体（自己主体は非自己主体と弁証法的関係に入る。これについては第二部で詳述する）のあり方」の相互の関連で再検討が必要で、前述の「想像」についての過大評価は、実は直感と混同している面も多い。

② 直感分析者における現実性

前述したように、直感を働かせる直感分析者の自己のあり方が最終的には問題とされるが、ここでは取りあえず〈現実性〉との関連でそのことに若干触れておくことにする。すでに述べてきたように、直感分析者が〈現実性〉を担保する方法は、一つにはその内に抱え込む〈空無〉によっている。これは〈空間的空白性〉と〈時間的未決定性〉から成り、自己あるいは自我が関与する度合いのきわめて低率な領域のことで、これは誰によっても容易に準備できるものではないであろうと推測の成り立つものである。したがって、これは一種の特殊技術と言ってよく、そのような資質をもった限られた人間、あるいは修練によってそれを確保した人間に限定される方法である。

だが、直感の心理的機能は人間全般に共有されるものであるはずだから、この方法が広く普遍化、汎用化される可能性は常にあって、実際その程度差を考慮すれば、これに類する心理作用はごく日常的に使用されてもいる。その極端化は勘の働きのようなもので、それはその人が知らず知らずのうちに自らの内なる〈空無〉を利用して行っているようなものである。これは極端な例だが、ここで述べてきた直感分析法とは別にそのような特殊能力を訓練し、磨いていくことによって潜在能力を開発する分野もありうる。直感分析法はそうした運動とは一線を画す面もあって、直感の独走をコントロールし、認識方法としては直感とは対立する分析の価値も認め、それによって〈現実性〉との関係の確かさをさらに有効に保とうとするものである。

勘もまた現実とじかに触れることによって成り立つものには違いないが、その道筋を確かなものとするためには科学と共に歩むことが不可欠である。直感分析者がそのことを自覚しておくことは、直感がその本質として所有する〈現実性〉との不即不離の関係をより恒常的なものとするための担保条件であろう。また、直感分析法においては、〈空無〉はそのような科学性によって守護されるが、この科学性は直感分析者の自己との関係で付随するもので、この自己のあり方というものがもう一つの大きな課題として存在している。

五　まとめ

直感分析法は、既述のように非行少年を対象とする鑑別業務の中から生まれたものだが、それにとどまらず広い汎用性をもつ方法である。なぜなら、直感にしろ、分析にしろ、それはもともと事象を認識する基本的な二つの方法であるからである。前者はそれを内から全的に知ろうとするものであり、後者は外から部分に分割して知ろうとする方法である。だから、直感分析法はどのような事象に対しても有効なはずで、まして直感と分析を併用するときには事象を複眼的に知ることが可能となり、その有効性は倍増される。そうでなくとも、たとえば文学作品を前にすれば直感が主要な要素となるが、この方法は独自の領域を開くはずである。あるいは、一人の人間の一生を記録する伝記を前にしても同様である。

直感は、分析がそうであるように日常生活においても有効なものである。分析についてはそれがどのようなものであるかの知識は広く行きわたっているが、直感についてはそうではない。古くから日本の伝統文化にも深く根付いているものだが、それは「心」という概念に一括されていて、あいまいなまま現在に至っているというのが一般的に言えることであろう。直感分析法の採択はこのあいまいな部分にあえて光を当てるものである。

この種の方法はいろいろな分野で実際に活用されているにもかかわらず、これまで体系的に取り上げられることはなかった。「心」の一つの作用として手付かずのまま現在に至っていると言ってよい。

だが、ここに至って、周知のように「心」そのもののありようが揺らいできていて、そのような時代状況から直感が改めて取り上げられる必要が生じてきている。そのためには、事前に様々な角度から検討を加えておくことが必要にもなっている。その一つが、前述した分析者の自己のあり方の問題、およびそれと関連する倫理の問題である。とりわけこのことは鑑別業務のような倫理と密接する分野では必須のことである。その検討が引き続き鑑別業務という特殊分野に限定してなされるにしても、そのような具体性がかえって実りを豊かにするであろう。前記したように直感はまだ十分解明されていない心理作用であり、また直感そのものが個別性において、差異において有効に働く機能だからである。

注

(1) アリストテレスは、二つの重要概念として「可能態」(デュナミス dynamis)と「現実態」(エネルゲイア energeia)を対比させた。その場合に重要なことは、「現実態」とは、目に見えて活動していることである。そこから能動的という側面も現れてくる。われわれのふだん使っているエネルギーという言葉が、この現実的活動と不可分なことからも分かりやすい。だからと言って、その対概念である「可能態」はもちろん無であるわけではない。実際には活動していないが、活動の素地がそこにある。Dynamic という英語に伝えられ、「力動」と日本語に訳されていることにその側面が窺える。目には見えないが、そこに潜在的に動いている何かが想定されている。それが現にあるものであることは、フロイトがそれを説明するためにリビドー(心的エネルギー)という概念をその精神分析に導入したことにも明らかであろう。

(2) ここで扱われている〈想像〉は、ウィニコットの移行理論におけると同じく外的現実に重ね合わせるようにして働く内的現実としての〈想像〉の機能である。移行理論では、たとえば幼児がいつまでも自らの涎などで汚れた毛布を持ち歩くのは、そこに母親の存在を想像しているからで、毛布はその幼児にとっては内的現実としての母親なのである。広義の〈想像〉には空想や幻想も入るが、非行に関して言えば、精神障害と関連する非行や一部の特殊非行を除けば、前述のような外的現実と重ね合わされる内的現実としての機能が中心となる。

（3）直感分析する〈自己〉と、方法として用意される〈空無〉の関係については、それらが相反する内容のものであることから、どのような整合性に基づいて一人の人間を成立させているのかを検討しなければならない。だが、この矛盾、二律背反が不可能性としてあるのでないことは、すでに縷々《るる》述べてきたように〈直感分析〉という方法が現に成り立っていることから明らかである。前述したように、〈空無〉は方法として分析者によって用意されるようなものではなく、直感分析法が使用される場合に、〈自己〉と不可分な関係で〈自己〉の内に一つの必然としてすでにあるものなのであろう。加えてここでは「社会的現実」が必要とされるのだが、これは〈自己〉に付随するものとして考えれば分かりやすいであろう。だから、ここで言う「社会的現実」とはあくまでも分析者の自己がとらえているそれである（この注釈は本節の元原稿執筆時のものだが、この時期の筆者の思考のありようがうかがえるのでそのまま残しておく。直感概念を要素自己、要素非自己（根源、超越）から成ることを理論化する以前のものである。ここで表示している自己概念は心理学の自己概念に重なるものだが、直感分析論からすればこの自己は直感の要素自己となる。また、空無概念は非自己の要素としての「根源」の領域と働きのことである。働きとしての「否定」概念が、この「空無」概念に含まれている）。

第二部　拠点編

―直感分析法と「直感概念」―

第一章　直感概念

第一節　基本的考察

一　心理査定の直感的側面

直感概念については哲学で直観という和訳の表示で古くからある。本論で取り上げる直感概念もこの流れに沿うものであるが、その内容は違っている。また、現象学における直観は哲学のそれと同類であるが、それを方法として前面に出している点で差異が生じている。これについては、後述の項でフッサール（E.Husserl）の「志向性概念」との関連で詳述する。[1] また、心理学では、ピアジェ（J. Piaget）の「直観的思考」に代表される直観概念の使われ方が広く行きわたっている。[2] このほかに「直観像」のような概念もあるが、この方の意味内容は特殊である。また、ユング（C.G.Jung ）はすでに述べたように直観を「無意識的な知覚機能」と定義し、この特徴の現れ方が外向的、内向的かで「外向的直観」、「内向的直観」とし、その「タイプ論」に取り入れている。[3]

ここで取り上げる直感概念は前記の各々の直観概念と多かれ少なかれ共通点をもつが、差異もはっきりしている。本論が直感という表示を使用しているのは、前記の各々の直観概念との差異性を明確にし、さらにその概念内容の広さを強調するためである。

本節は、直感概念構築に至る実践的経過（第一部で詳述したことの総括）および直感概念構築のための準備的な考察に当てた。それを踏まえて、次章で現在とらえられている新しい直感概念の内容に言及した。

心理臨床が学問とともに歩む実践領域であることからすれば、実践特有の個別性や一般性への要請は大きく、本論もそのような実践への貢献を目指している。第一部で述べたように、実際、この試みは筆者が携わっていた鑑別臨床の現場から生まれている。前記の各種の直観理論の発展として新しい直感概念が生まれたのではなく、まずは実践があって、その場での筆者の個別性において自然に生まれている。そうであればこそ一般化への道筋も描かれている。上記のようにこの試みは臨床体験としての長い年月の前段階があって現在に至っている。

心理学的な鑑別臨床とは、簡単に述べておけば、非行少年を短期間少年鑑別所に収容し、その間に主として資質面から心理学的なアプローチを行い、それに基づき少年についての各種情報を整え、家庭裁判所に報告するものである。処遇については、所内生活の世話や生活指導的なもののほかは、今後の処遇指針を出す程度にとどめられる。心理臨床的には、その目的を主として査定に限定している点がきわめて特徴的である。その主旨は当該少年について知ることに尽きる。直感概念が当初「知る」方向に特徴づけられたのは以上のような特徴に基づいている。その当初の方向が奇しくも現象学の流れに沿うものとなっているのもそのような理由からである。鑑別臨床の心理査定において生まれ、発展した直感概念が「知る」ことと密接であることは次の項の記述のとおりで、この「知る」は本論特有のものとなっている。

二　「直感」と「分析」の比較およびその統合

鑑別臨床における心理学的方法としては心理検査をはじめとして多種多様のものがある。そのいずれにおいても直感が多かれ少なかれ働いているが、直感が特徴的に働く査定方法としては、すでに述べたとおり「面接」と「作文の読み」と「生活史の読み」が挙げられる。これらは心理検査のように数字や記号等への置き換えによるのではなく、査定者の直感が直接的に関与して査定が行われる。そのいずれの方法にも直感が最大限に有効性を発揮できるような生成の要素が含まれていて、それがそのまま査定対象となっている。以下、第一部と重複するが、それぞれの場合における直感の働きに焦点を当てて再論する。

①　話し言葉としての「面接」における直感の働き

鑑別面接は、少年鑑別所のもつ特殊性から面接としては特有なものとなっている。端的に言って、聞く人と聞かれる人が分けられ、またその聞く内容は聞かれる少年のことに原則として限られる。また、在所期間が短いことから面接回数も限られている。直感はそのような条件および「知る」ことへの集約から直感特有の役割をきわ立たせる。直《じか》に、生《なま》に、短時間で「知る」ことが要請される。しかし、ここには特有のジレンマがある。事が司法的処遇に関わる問題であり、それとの関連で当事者の少年のことを客観的に報告する義務が生じ、その結果前記の要請とは別に客観性が深刻な形で要請される。鑑別という心理臨床行為がもともと「直感」と「分析」に分かたれる理由がここにある。

一般的に言って、面接は主として「話すこと」と「聞くこと」から成り立っている。換言すれば、「言葉」と「意味」によって成り立っている。このことに前述の異種の二つの要請が加わり、面接の仕方に二種のものが生ずる。このようなことは面接と呼ばれるもの一般にも該当するが、とりわけ鑑別面接において尖鋭化する。

前記のような二分化が生じる原因的背景は、「言葉」そのものよりは「意味」の方に多く因《よ》っている。「話す」ことにおいても「聞くこと」においても「言葉」がその素材となるが、その際重要なのはその含みもつ「意味」であることは論を待たない。「直感」にとってはとりわけこのことは重要である。

「分析」のもつ特徴がその対象事物を部分に分け、明確にすることにあることからすれば、そこで扱われる「言葉」の「意味」は固定化し、他者と広く共有できるものであることが求められる。その際「言葉」は知覚の媒介として働き、ユング流に述べれば、「意識的な知覚機能」が作用する。そして、「無意識的な知覚機能」が直観として補助的に働くととらえられる。問題は、このように解釈される事象において意味がどのようなありようをしているかということである。

現象学的に述べれば、「意味」は「本質直観」との関連で二種に区分される。(4)〈見かけ〉としての意味と〈本質〉としての意味である。本論では前者に当たるものを「意味A」、後者に当たるものを「意味B」と呼ぶ。「意味B」には現象学的な本質概念に限定されない広さと柔軟さが与えられる。話す本人にも聞く本人にもとらえがたい、意味とは言えない「意味」が含まれる。レヴィナス（E.Lévinas）が「絶対的に他なるものである何ものか」、「他者性［他性］を備えている何ものか」と述べるものも含まれる。(5)この概念に関係して、レヴィナスは、後年、別の著書で「存在するとは別の仕方」という言葉を使用している。(6)

問題は、これら多層的な意味をとらえる意識、無意識がどのようなありようをしているかである。端的に言って、意識は「意味A」をとらえる方向で働き、無意識は「意味B」をとらえる方向で働くと規定できるかである。現象学の知見に従えば、「本質直観」は「意味B」を目指すととらえられるが、これは無意識の働きのみに限定されない。

鑑別臨床で起こっている事象に従って述べれば、一つの読み（聞き取り）では「意味A」、「意味B」をとらえるのは同時的である。このことに加えて、言葉を音声としてとらえる聴覚のことも考慮すれば、これらはすべて同時的に作用している。このような事象について意識、無意識と分けてとらえるのは説明的でしかない。これら同時に作用するもののうち、心的な領域に関するものを一括して直感と呼ぶのが本論の立場である。聴覚は感覚一般と同様に身体的領域のものととらえる。

引き続き問題なのは、「直感」と「分析」の差異のことである。知覚論からすれば、これらは一括して扱われる。「分析」に意識を当て、「直感」に無意識を当てて区分する仕方は、上述のように意味との関連でその区分ははっきりしない。その場合には本質をとらえるのは直感によるととらえられていると想定されるが、とすれば本質を取り出すのは無意識によることになる。この点があいまいである。

本論の立場からすれば、意識、無意識はそれぞれ「意味A」にも「意味B」にも向かうことが可能であり、しかも同時的に補完的に働くものとしてとらえられる。面接において聞く際に、分析的立場は「意味A」に意識を当て、直感的立場は「意味B」に意識を当てるが、それぞれにおいて、それぞれのありようで無意識は補完的に働いているととらえられる。

上記のことは原理的なものであり、以後の論述においても基礎的なとらえ方として普遍化している。面接において話す際にも分析的な立場と直感的な立場の差異が認められるが、そこでも前述の原理が形態を変えて働いている。

以上のことに関連して、この項で二、三の特徴的なことを述べておく。既述したように、鑑別は数少ない面接で少年について多くを知ることを目指すが、そこには自ずと限界が定まる。そのとき直感の働きようがそのような限界において鮮明になる。

「腑に落ちる」という言葉があるが、この言葉は直感の働きと密接である。面接を通して「腑に落ちる」ということが幾度となくあり、最終的な「腑に落ちる」で面接は終局する。しかし、時間的制約があって、「腑に落ちない」状態で終わらざるをえないことも多い。そのような気持ちで面接を終え、いざ報告書をまとめようとする段に至って、思いのほか多くのことが明らかになっていると気づかされることも多い。

前記の事象のうちに、直感との関連で意識と無意識がそれぞれのありようで活発に働いていることがとらえられる。前述の「腑に落ちる」仕方がその一つのありようで、これは直感が意識的に「意味Ｂ」にたどりつくようなこととしてとらえられる。他方、これとは違って、腑に落ちないままに報告書の作成に向かったときに浮上してくる「事態の意外な明らかさ」は、直感作用によって無意識のうちに蓄えられた収穫を示しているととらえられる。直感作用のこの二つのありようについて、前者のものを「瞬時的直感」と呼び、後者のものを「持続的直感」と呼んだ。

前記のことに限らず直感作用には二面性がはっきりしている。洞察と呼ばれるものに特徴的な「錐もみ状」の「知る」としての直感のありようが一方にあるが、他方に眺めることに特徴的な「照らし状」の直感のありようがある。本論では前者が主として取り上げられるが、後者については心理治療面で重要な働きをするととらえられる。

以上のこととは別に、直感的な面接で特徴的なことは先入観をもたずに相手と接することであり、これは他のどのような臨床場面でも、そこで直感が中心的に使用される場合には欠かせない。これについては後続の項で詳述するが、面接においては重要なことなのでここであらかじめ付言しておく。その際の要諦は「空無」と呼ばれる〈働き〉および〈領域〉が直感の要素として用意されることである。この概念についても後述する。

② 書き言葉としての「作文の読み」における直感の働き

面接では話し言葉が素材とされるのに対して、作文では書き言葉が素材とされる。そのどちらもが「言葉」に関わっていることについては、直感を主題化した場合には特別な意味がある。一つには、このことに直感概念と「言葉」との結び付きの強さが示されていることである。加えて、これらの概念に「心」や「時間」の概念を並べてみれば、そのいずれもが人間存在にとって本質的なものであると分かることである。このようなことから前項と重複する面も多く、この項では書き言葉としての作文に特徴的なものだけを記述しておく。なお、鑑別における作文とは課題作文と呼ばれるもので、様々な表題の下に自由に書くことがその骨子となっている。

これについてもすでに述べたが、「面接」と「作文の読み」の対比においては、まず時間の問題が特徴的である。「面接」では現在進行形で事が進み、待ったなしのありようを示すが、「作文の読み」においては、まずは「書かれる」ことが現在進行的にあって、それによってでき上がった作文が、今度は事例担当者によって「読まれる」ことが現在進行的に行われる。「読まれる」ときには「書かれる」は過去進行形となるが、それがやはり進行形であることは、「書かれる」ありようの過去進行形が「読まれる」ありようの「現在進行形」に吸収されることを暗に示している。直感は、そのようなことの内で働いている。

また、「面接」において分析が占めていた役割は、「作文の読み」では情報的読み取りとして特徴化する。この方の読みでは、分析の働きを通してその内容が部分に分割され、明確にされるのと同様に、進行形から離れ、時間が止められ、固定化されるありようを示す。ここでは時間的要素は希薄となり、「読む」については、必要に応じて、どこでもいつでも、また作文のどの部分を読んでもよいことになる。

前述したように、直感は、「心」はもちろんのこと「言葉」や「時間」と密接な関係にある。「言葉」に関して述べれば、そのありようが進行形としてあることにおいて直感と密接になる。「意味」の固定化した「言葉」は直感にはなじまず、その場合には前記したように情報や分析になじむ。このことは「時間」についても言えることで、直感となじむのは通常の意味での「時間」、つまり空間化された「時間」の方ではなく、現存在分析論が述べるところの「根源的時間」である。(7) またミンコフスキー（E. Minkowski）は「生きられる時間」と呼んだ。(8) この呼び方に明らかなように、その本質は生成と関係していることにある。前記の「進行形」とはまさにこの生成を示している。言葉との関係で換言すれば、「生きるように書き」、「生きるように読む」ことがその要諦であり、それが進行形と表現されていることの意味である。この「生きる」については、次項において別の意味を担って生活史として登場してくる。要は、繰り返しになるが生成が主題化されている。

「作文の読み」においては前記のようなありようで直感は働くが、直感に沿って述べてみれば、読み行為は直感が書き言葉と出会うこととしてとらえられる。面接において先入観なしで接することが重要であったのと同じく、「作文の読み」でも先入観なしで読むことが必要で、こちらにあらかじめ理論があったり、既存の解釈があったりする場合には直感の働く範囲は極端に制限される。このような先入観なしの直感のありようを「出会い」と呼ぶが、この「出会い」では迎えにおもむく際に「空無」をたずさえる必要があり、その要諦は「相手を生かす」ことにある。生成はあちら側にもこちら側にも共にあって、直感はそのような場で働くととらえられる。前述の「『書かれる』ありようの過去進行形が『読まれる』ありようの現在進行形に吸収される」という表現はこのことを指していて、それが直感の働きのありようである。

③　人の歴史としての「生活史の読み」における直感の働き

生活史は鑑別資料としては基礎的な資料となっていて、少年簿という簿冊に通常数ページのものとして綴じられている。直感にとってはこの資料は既述の二資料（「面接」および「作文の読み」）とは異質である。「言葉」としてのありようが異質であるという言い方もできるが、その差異はもっと本質的で、「生活史」は当該少年とは直《じか》に、生《なま》にはつながっていない。ここでは当該少年が直接、生に話したり、あるいは書いたりするような直接性や生成がない。少年が自らの生活史を別に資料として書くことがあったにしても、少年簿に綴じられるものとして書くのは第三者である。ここには最初から現在進行形はない。過去進行形もない。ここでは「時間」は固定されている。実際少年の生誕時から本件非行時までの生活上の出来事が順番に空間としての紙上に並べられる。

前記のことは歴史一般の一つの特徴的なありようを示している。問題はこのようなことにおける「生きる」のありようである。ハイデッガー(M.Heidegger)の述べていることに従えば、この生活史は「生起としての人間の歴史」であって、事物や単なる生物の「推移や現象としての歴史」のことではない。ここでの「生きる」はそれが人間のことであることから特別なものになっている。

「生活史」は単なる出来事の羅列でもなければ、単なる生き物が生きたその足跡でもない。一人の人間が生きたことのありようの記述である。人間はそのような生活の中で悩みもすれば喜びもし、進学もすれば就職もし、遊びに耽りもすれば非行もする、そのようなものとしての生活の歴史である。それを本質的に読もうとする者は、そこでの閉じられた「時間」は根源的に開示されることが必要で、その当の本人が前述のように生きてきたありようを開示し、「共に生きる」ようにして読むことが求められる。直感はこのことの内において働く。ハイデッガーは、歴史とのこのような関わりのありようを「歴史的現存在」と呼び、単なる生起としての歴史とは別に「根源的時間」によって導かれる歴史を規定する。本論での生活史の読みは、本質的にこのようなとらえ方と一致している。(9)

実際の鑑別における「生活史の読み」に戻して述べれば、その読みが当該少年とあらかじめ面識があって読む場合と、まだ面識のないままに読む場合とでは、事情が大きく変わる。いずれにしてもここでも可能なかぎり先入観を排除することが必要となるが、そうかと言って先入観がないわけでもなく、また先入観が必ずしも不要であるわけでもない。面識がすでにある場合には当然その傾向は大きくなる。

前記のことに明らかなように、これまで述べてきた「先入観なし」は限定つきのものであり、すでに述べた「持続的直感」のありようとも関係するが、意識的にしろ無意識的にしろ直感がとらえたものが蓄積される仕方は、それ自身先入観としてそれ以降の直感の働きに作用することも明らかである。そうでなくても、たとえば非行理論や、あるいは調査官から得られた情報が意識的にしろ無意識的にしろ実際的には用意されることも確かである。直感がこのような要素を含みもつものであることも、ここで明らかにしておく。このことは、次項における「直感分析」の概念構築に際して基礎となる。

直感は先入観を可能なかぎり排除するために「空無（領域的には『根源』と呼ぶ）」を用意するが、同時に必要情報を生かすために「自己」は必要不可欠な要素として直感の内に含みもたれる。このことについては、後続の項で、直感の含みもつもう一つの要素「超越」を交えて詳述する。直感はこれら三要素の上に成り立っている。

また、すでに幾度となく登場してきた「空無」の概念についてもここで取り上げておく。鑑別において生活史を直感的に読む場合、とりわけ面識のあまりない少年のそれを読む場合に顕著であるが、「空無」あるいは「空白」という概念の働きが如実になる。これは単なる観念ではない。「生活史」を読む場合、大概は「あの少年の生活史」として読む。面識のない場合でも、「あの非行を起こして入所した誰々の生活史」として読む。この「誰々」はそのとき向こう側に対象化されたものとしてあり、すでに面識のある場合にはその姿を実際思い浮かべつつ読む。しかし、直感を働かせる場合には、面識があるにしてもないにしてもこのようにはならない。そこでは主格が「空無」あるいは「空白」にされる。たとえば、家族構成の情報に接しても、そこでの家族は家族そのもののこと（つまり主題化されたもの）ではもちろんなく、またあの誰々の家族のことでもなく、少なくとも誰々にとっての家族であり、そればかりか「空無」あるいは「空白」の誰々にとっての父であり、母であり、兄弟ととらえられる。

そのような読み進みのうちに、この「空無」あるいは「空白」は埋められていく。この家族の一員としての「誰々としての少年」はここでは欠損していて、その欠損した「誰々としての少年」は「空無」あるいは「空白」として主題化されて読みが始まり、明確に対象化されることのない「空無」あるいは「空白」は読みの進む間「こちら側」つまり「読む者の側」に来てしまっている。

「少年」のイメージは、「空無」あるいは「空白」が埋められる経過を通してしだいに明らかなものとなっていく。先入観を排除するという意味はこのようなことを含んでいる。これは既述の「面接」や「作文の読み」においても原理的には同じであり、そこで働いている要素のことを「空無」と呼ぶ。このような読み方は、一般的に伝記を読むことにおいて誰もが行っていることでもあり、たとえばエジソンの伝記を読む場合に、読みの最初の段階では多少の知識を別にすれば、エジソンという固有名詞は「空無」や「空白」に覆われており、読みが進むうちにそれは充たされて中身が豊かになっていく。これはまた現象学が「充実化」とか「時熟」と呼ぶ概念に重なるものである。

④「直感」と「分析」の統合としての「直感分析」

すでに述べたとおり、心理学的鑑別臨床においてはその査定としての特殊性から心理検査は必要不可欠である。他方、これまで取り上げた「面接」、「作文の読み」、「生活史の読み」に代表される方法を直感的に行う立場からすれば、これら直感によって得られた情報もまた欠かせない。その際客観性の根拠が求められ、客観性とは何かが改めて論じられる。心理学が科学的な方法を根拠にしていることからすれば、客観性とは科学的な方法による遂行のこととなる。

直感を方法とする立場の客観性の確保は、一つには心理検査に代表される分析的方法による補完にあるが、直感自身には客観性の確保の道が閉ざされているのかという問いが残る。

ハイデッガーは、現存在分析論的立場から「志向性」と「範疇直観」の概念を用いて、現象学における「真理」の確保の保証を「明証」の概念に集約して述べている[10]。そこで保証されているのはいわゆる狭義の客観とも狭義の主観とも言えない「真理」（広義の客観）である。しかし、ハイデッガーは、「明証」には「或るものが経験されるが把捉されないという特有の連関、まさしく客観把捉作用そのものにおいてのみ、すなわち同一性を把捉しない作用においてのみ同一性が経験されるという特異な連関がある」と述べている。

ハイデッガーによれば、「真理」の第一の概念は「思念されるものと 直観されるものとが同一的に有ること」とされる。「範疇直観」の一つのありようとしての「イデア視」の概念ではこれらは単一とされる。上記の存立が把捉されるような場では経験が抜け落ち、逆にその作用が経験されるような場では存立は把捉されない、とされる。これは背理の場であるが、また「志向性」の働く場のことでもある。この論脈で特徴的なのは、広義の客観としての「真理」が広い意味で「生きる」ことにおいて得られるということに尽きている。

上記の文脈にこれまでの論述にある「生きる」を重ねてみれば、直感と分析との関係が新たな視点でとらえられる。本論ではすでに直感とは「生きる」ことと密接であると導き出されており、それは「知る」ことにおいても同様で、ましてや人間のその他の営みはすべてこのことに集約され、それらは「生成」としてまとめられた。

分析もまた「生きる」ことには違いなく、その意味で心理検査の実施にも直感の働きが含まれる。他方、直感は「生きる」ことをその本質としていて、その上で「知る」ことが加わるような場では、前述のハイデッガーの文脈に従えば、経験を通して、つまり「生きる」を通して「真理」に触れていることになる。このようなことにすでに、直感と分析が単に補完的に使用できるだけではなく、直感自身、あるいは分析自身にも互いに他を内にもつ契機があることが示唆されている。

直感と分析の統合を考える場合には、前記の二つの方向があることが知られる。第一の補完的な方法は実際に有効である。第二の統合についてはあまり一般には知られていない。心理検査の解釈では、現象学的知見を取り入れる試みも少なからず認められている。心理検査の実施では、被検者にとっても検査者にとっても、その反応や解釈も含めて「生きる」ことと無縁でないことから直感的方法が参入するととらえられる。「面接」、「生活史の読み」、「作文の読み」においては（前の二つは第一級の資料である）、このようなことが主題として取り上げられることは稀である。分析的方法による補完とは別に、現象学が明らかにしている方向で直感自身に含みもたれる「真理」概念の検討を目指すことは心理臨床全般にとって重要な課題である。次項ではその主旨に沿って考察を進める。また、これら二つの方向を併せた直感と分析の統合に基づく「知る」方法を、総称して「直感分析法」と呼ぶことにする。

第二節　直感概念の規定

一　現象学の「志向性」概念との関連

これまで直感概念について明確な定義付けをしないまま、主として鑑別臨床に即した体験に基づいた報告をし、その過程で得られた直感に関しての考察結果をまとめた。すでにあらかじめ述べてあるように、本論では直感を「心の根本機能」と規定している。とらえ所のない規定であるが、そのとらえ所のなさが直感の本質的な意味である。直感は心の働くあらゆる領域での作用としてとらえられ、行動においても同時に心が働くことからすれば、直感の働きは人間の営みのすべての領域に広げられる。直感をこのように位置づければ、それに何らかの限定を加えることが必要で、心の根本部分が特定される。心の根源としての規定にはすでに述べた「志向性」概念がある。

現象学の知見に関しては、現象学の創始者であるフッサールと、その確立に向けて寄与したハイデッガーとの間では少なからず隔たりがある。ここでは、特に差異のある事項については、ハイデッガーの考えに従う。以下、「志向性」について、直感との関連で基礎的な事柄を二、三確認しておく。

現象学の最も特徴的なことは「事象」概念の主題化にある。その際「『事象』をとらえる」という言葉に表される事態がただちに問題となる。従来の学の立場としてはこのような表現および事態では対象性あるいは対象化が基本構造になるが、現象学はその基礎をそこから外れた場に置き、その際「志向性」は最も基礎となる概念である。その意味は、心が働く際に起こる「…への・態度」、「…へ・向かうこと」という程度の働きのことであるが、この表現にある「…」の意味 はただ「事象」としか言えず、内部知覚とも外部知覚とも言えない。現象学には「志向性」とは別に各種の態様の直観概念がある。その一つが「範疇直観」である。ハイデッガーは現象学の最も基本的な発見は「志向性」と「範疇直観」と「アプリオリの根源的意味」であると述べている。[9] これらの説明としては、発見の当事者であるフッサールよりもハイデッガーのものの方が分かりやすい。それでもその説明に無意識概念を導入せずにすることは多難である。

「志向性」の「…へ向けて」の心的作用として意識も無意識も共に働くことは明らかで、この意識性、無意識性こそが問題となる。デカルト（R.Descartes）が「思惟」の向かう対象を主題化したことによって西洋の思考の仕方は新たに規定されたが、「志向性」概念はこの束縛からの脱却を目指している。前記フッサールとハイデッガーの二人の考え方の差異は、この脱却を中途で放棄することになっているか、それとも最後までそれを目指しているかが一つの分岐点になっている。

無意識概念を使用して「志向性」と「範疇直観」について説明すれば、知覚の内に含まれる無意識的側面も意識的側面も共に同等に含めた「事象」として主題化し、そこに上記二概念を発見したということになる。無意識概念の内に潜伏していた「範疇概念」が抽出されたのである。本論ですでに「意味A」、「意味B」と名付けたものの内にこれらとの関連がはっきりしている。本論の論点は、すでに述べたように意識と無意識は「意味A」にも「意味B」にも向かうことができ、意識が「意味A」に向かえば分析的立場になり、意識が「意味B」に多く向かえば直感的立場になり、その各々において無意識は意識の補完をするととらえた。

二　直感概念の規定のための条件

本論において直感概念に関して浮上してきた最も基本的な点は「生きる」こととのつながりの密接さである。直感概念がもともともっている直接性からすれば当然とも言えるが、それが「知る」ことにおいても特徴的である。既述のように、それは単なる特徴ではなく、「知る」においては「生きる」が「知る」ことの根拠となっている。「生きる」ことを根拠として成り立つ「知る」は、広い意味では「経験」としてあるが、学としては直感概念の構築のほかにはない。このことは「生きる」ことを根拠としない実証的方法を批判し、その欠陥を補完する意味を浮かび上がらせる。

直感概念を新しく構築する試みの大前提は上記の点にある。直感概念が古くからあることからすれば、ここでの試みは新たな構築と言うよりも復権と位置づけられる。すでに本論の冒頭で見たように、西洋的思考の仕方に見られる長い歴史はこの古来の根本的概念を多様化させている。このような事態の複雑さを正しく認識することが、直感概念構築のための前提条件である。以下、直感概念構築のための骨組みとなる条件について述べることにする。

①　自己機能の限定

構築しようとする直感概念の最も基本的な点が「生きる」ことにあるとすれば、その意味するところのものが自己概念を超えてしまうことは容易に予測できる。この自己概念は、デカルトが「思惟」概念との関連で中心に置いたものであり、その要諦は、そのどちらの概念においてももともと対象化が含みもたれていることである。ここでの「自己」概念は「思う」対象としてのそれであり、「思惟」概念も「思う」対象としてのそれである。この二つの概念が基礎とされ、そのように規定された「自己」によって「思惟」が遂行され、そこに表象の世界が成り立っている。この根本原理がそれ以降の学のあり方を基礎づけたばかりか、現代人に広く支配的に伝わる思考の一般的な仕方をも規定している。このような思考において「思う」事態と「生きる」事態との間に不一致が起こることも容易に予測できる。ハイデッガーが「真理」概念について述べた「思念するものと直観するものとの同一性の存立」という言葉はこの点に焦点を当てている(11)。

「思考する自己」が「直感する自己」と同一でありえないのは（既述の「イデア視」については別として）、前記の文脈に明らかである。前者の「自己」は自らが表象としてあることの証として表象の世界に属している。その「思う」がやはり「生きる」ことであるにしても、「表象を生きる」ことに限定されている。このような意味において表象とは「仮の約束事」と規定することができる。このような世界は生きることそのものの一部にすぎない。この部分的世界を生きる主体を本論では要素自己の主体と規定する。この自己主体の機能は直感機能を働かす上で必要ではあるが十分ではなく、他の機能を開放するためには限定される必要がある。これが直感概念構築のための第一の条件である。

②　自己機能限定による主体機能の検討

自己機能が表象と関連する作用領域の主体であると規定されれば、次にそのような作用領域を超えるもの、あるいはそこに至らないものの世界が主題化される。自己機能がこの二つの世界と直接的な関わりをもつことができないとすれば、他の主体がそこに位置づけられることが必要である。と言って、自己主体がただちに否定されるわけではないことは前記したとおりである。むしろ、現代人の生活のほとんどが表象から成り立っていることは紛れもなく、自己主体が人間生活に占める役割の大きさは明らかである。しかし、繰り返しになるが、それがすべてではない。「仮の約束事」と規定されるその広大な世界は、それとは別に表象との関連で「超える作用領域（超越領域と呼ぶ）」と「潜伏する作用領域（根源領域と呼ぶ）」を含みもつことも明らかである。そして、そこもまた生きる領域であることが確かであるとすれば、そこで生きる主体が特定される必要がある。その際、そもそも主体とは何であるかが問われる。ここで再び意識と無意識の問題が浮上してくる。

自己主体が表象を生きるとき、その多くは意識が前面に出るととらえられる。それでもこの「生きる」には無意識が付随していることも確かである。自己主体がこの無意識を排除しているととらえることについては、フロイト(S.Freud)の理論の防衛機制を参考にすれば分かりやすい[12]。その場合、この無意識もまた「生きる」ことに参画しているとからすれば、この無意識の主体とは何であるかが問われる。これについてもフロイトの理論の「超自我」と「エス」の概念が参考になる。(13)

しかし、本論の主旨からすれば、自己がそれ自身表象である証として表象と直接関連する領域を生きることからして、前記の「超える作用領域」、「潜伏する作用領域」については別の主体が要請される。自己主体が排除した「超自我」と「エス」に主体を与えるとすれば、この二つの主体は両立しない。

本論の立場は、無意識は通常の日常生活では意識を補完するととらえている。したがって、前記の「超える作用領域」と「潜伏する作用領域」の主体を特定し、自己主体を含めた三つの主体が補完的に働くことが必要となる。その際、「超える作用領域」と「潜伏する作用領域」の相互の関係が明らかにされる必要がある。このことについては次章で詳述する。この二領域をまとめて非自己領域とすることで当面の問題はない。自己領域に属さない一切のものの領域を非自己領域と規定する。自己領域と非自己領域の補完作用が人間の生を支えているととらえられる。

③　自己機能、主体機能の限定と先入観のそのつどの否定

「潜伏する作用領域」においては、表象としての自己の内実はあっても乏しいととらえられる。この領域は一切のものの生滅の場ととらえられており、表象としての自己もまたその例外ではない。その作用領域では自己主体の及ばないかぎりにおいて非自己の主体が関与しているととらえられる。人間の生はこれらの合成によって成り立っているととらえられる。非自己の主体と「生きること」との関係に着目すれば、非自己の主体は「自己が生きること」との差異を特徴として「生きる」ことと関係してくるととらえられる。

しかし、「生きる」ことの主体は自己が働いているかぎりにおいて自己に属しており、自己は多かれ少なかれ間接的に主導する主体として「生きる主体」となりうる。ここには「主体があるようでない」という特徴が含まれている。

このようなありようの内に既述の「空無」あるいは「空白」概念が作用し、表象の生滅もまたこのことによって起こっているととらえられる。

たとえば、「生活史の読み」では、当該少年について「空白」の主格が当てられ、読みの進行のうちにこの「空白」が埋められていくととらえられた。このような作用は現象学の「範疇直観」の作用あるいは「空虚的思考作用」に類似する。これらの作用を直感分析の立場からとらえ直せば、既述のように先入観を排除することに尽きる。しかし、この排除はまったくの排除を意味するのではなく、そのつどの排除を意味している。現象学ではこのような事態を「事象自身がそれ自身において自らを示す」ととらえている。これはまた、とりもなおさず「志向性」のありようのことである。

④　直感作用の働きとしての作用領域

直感作用の特徴的なありようが、一つには既述したように「生きる」ことにあるとすれば、その対極には「知る」ことがあると構造化できる。前者が「生成」を指し示し、後者が「存在」を指し示すととらえれば分かりやすい。本論の主旨をそのことに重ねれば、これら両極の間に、「話す」、「聞く」、「書く」、「読む」、「見る」が位置づけられる。本論での直感作用ということであればこのような各作用が想定でき、そのどの作用でも直感が主導的に働く場合の直感のありようをそれぞれ特定できる。その際、前記三要素（超越、自己、根源）がそれぞれのありようで直感作用を構成しているととらえられる。この三要素の働きようによって直感作用の特徴が決まるが、これについても次節以降で詳述する。

すでに述べたようにそれぞれの要素が補完的に働くことがその要である。以下、基本的な点を若干ここで述べておく。自己と非自己との関係のありようで直感の働きの質は決まるが、自己の関わりが減ずる度合いによって直感は純粋になり、それに応じて学の確かさが既述の真理概念によって保証される。カントやハイデッガーはこれらの概念を「純粋直観」と呼び、それによって学としての思惟を展開した。

だが、心理臨床の場は学の立場にはなく、生身の人間を対象に生身の人間がそれに関わる場であることから純粋さは必要でないばかりか、有害にもなりうる。心理臨床の場では「純粋でない（普通の）直感」がそれぞれの場に応じて用いられる。

その場合、直感は査定者に限定されないありようをもつ。面接であれ心理検査であれ、直接的、間接的に心を対象とすることにおいて多かれ少なかれ被査定者の側の直感のありようが主題に参入してくる。このような意味からすれば直感分析とは「直感が直感を分析する」という複雑な事態を招くものとなる。直感自体が複雑であるが、そのことによって直感分析もまたさらに複雑なものとなっている。これらはいずれも自己の主体に非自己の作用が絡むことによって起こっている。

非自己にはもちろん他者も含まれており、他者の主体が査定者の自己主体に参与し相互の直感のありようを成り立たせている。このような場では査定者の自己主体は補完作用の部分として参画しながら、自らの「生きること」の全体の主体を査定の場で現実のものにしなければならない。このような直感のありようの内に被査定者の自己が他者として参入している。

上記作用の三要素はそれぞれ「領域」の三要素が対応しており、このことの内で補完が働くととらえられる。この補完は「折り畳み」、「循環」の二概念で要約され、これらを支えるのは既述の現存在分析論の根源的時間ととらえられる。これは「空間化された時間」とは別の時間のありようとされる。

本論の立場からすればこのようなありようの時間は根源に限られるものではなく、そのような時間概念をここで改めて「直感的時間」と呼ぶこととする。この「直感的時間」の「直感」とは「生きる」の意味に重なるが、そこに自己主体のみならず超越主体や根源主体が加わっている直感のありようの場では、この「生きる」は「生きられる」の意味も含むことになる。

前記の二概念、「折り畳み」と「循環」は、「領域」と「作用」それぞれの内でのそれぞれの要素の「重なり」と「移行」を指し示す。「領域」は「作用」であり、「作用」は「領域」である。そのありようが直感作用を特徴づけているととらえられる。

ここでの文脈からすれば、既述の三領域の作用の呼称をそれぞれ超越化作用、自己化作用、根源化（空無化）作用と換言できる。その際、自己化作用は他の二作用（超越化作用と根源化作用）とは対立的、拮抗的であり、その働き自体が独自であるととらえられている。

現代において、自己化作用が肥大化し、超越化作用と根源化作用がそれぞれのありようで圧迫されるなり、隠蔽されるなりする方向で特徴化していると観測される。本論の文脈で換言すれば、自己化作用の肥大化は「主観化」、「客観化」を自己領域内でそれぞれ尖鋭化させ、超越化作用、根源化作用の内に明らかな確かさとしてある〝真理〟を矮小化していると観測される。上記の超越化作用および根源化作用とともにある既述の「意味Ｂ」の存在が直感によってはっきりと開き示されることの必要性が大きいととらえられている。

第三節　直感概念の基礎付け

ここでは「直感分析」およびその「直感」の両概念については直接的には取り上げないが、直感概念を抜きにしてはここでの論述が成り立たないこともまた自明である。「分析対象」としての直感にしても、また「論述を支える方法」としての直感にしても、それらはいつでもここでの論述の前提条件になっている。実際、ここで論述される「直感」はそれ自身現にここでも働いていて、その直感を支える二要素である「自己」と「非自己」もまたすでにここにあって、今こうして「自己」と「非自己」の統合としての直感が「自己」と「非自己」についての分析の作業を始めようとしている。

対象化される以前に直感はここにあって働いているが、このことはこれまでの論述の場においても常に多かれ少なかれ当たっていたことである。そのようなありよう自身がとりもなおさず「直感概念」と「直感分析法」の出自が遠く筆者にとってのかつての現実の場である非行臨床につながっていることの明かしとなっている。

一　直感の要素としての「自己」と「非自己」

直感を構成する二要素が「自己」と「非自己」であると規定されていることからして、考察対象としては比較的明快である。ただし、その場合には直感概念そのものをあらかじめとらえておく必要がある。だが、これもまた堂々巡りであって考察自体は要素概念の方から始めるのが分かりやすく、「自己」と「非自己」から始めるのが適切でもある。

このことは、前記したようにここでの論述において直感が主要な働きをしていることからいっそう事態を複雑にしている。直感そのものであれ、直感の二要素としての「自己」と「非自己」であれ、それらを明らかにしようということであればそのこと自体にそれらが現に働くことになるから、ここにも別のありようの考察上の堂々巡りが生ずる。ただし、こちらの方では今すでに始まってしまっている進み行きのうちに直感も「自己」も「非自己」もあると想定され、また現にそれらが働いているととらえられもしている。とりあえず、そのことに言及することは可能である。

本書の第二部が直感分析についての理論的考察あるいはその基礎づけにあることからすれば何よりも明快さが求められ、ここで働く直感のありようをその方向に位置づけることが必要となる。「非自己」の働きを可能な限り弱め、逆に「自己」を前面に出すことになる。換言すれば、根源的問いはすでに終えていることを前提とする。このような述べ方にもあいまいさは潜み、根源的問いにおいて「自己」はむしろ支障になることもとらえられていて、一概に分析の場と言っても、その分析のありようによって直感概念のありよう、つまりその構成要素である「自己」と「非自己」のありようもまた変わる。

上記のことを別様に述べれば、この論述は基本的には心理学の立場に立っているということになる。ただし、このことについてはあらかじめ直感とその二要素である「自己」と「非自己」との関連で述べておく必要事がある。本論の自己概念は心理学のそれと重なっているが、差異もはっきりしている。

本論では直感は心の根本機能と規定されている。他方、心理学が中心的に扱う対象が「心」であることは論をまたない。とすれば、その自己概念も本論のそれと重なっていると考えるのも分かりやすい道理である。だが、実際はそのようにはなっていない。心理学がその主要課題を「心」とすることによって、その自己概念は特化されている。この自己概念は「心」に限定され、この自己には身体概念は属していない。このありようにおいて本論の場合とは明らかな差異がある。

直感は身体抜きでは考えられない概念である。そこから「心」だけを抜き出すことは直感の働きを否定することにもなる。直感が心の根本機能とされるかぎりにおいても、また実際の働きのありようにおいても身体を抜きにして直感は成り立たない。根源的であり本来的であればこそ、心の働きは身体の働きと一つになっている。ここでは、上記のような事情について直感の二要素としての「自己」と「非自己」を鍵概念とし、本論と似た構造をもっている「精神分析」および「現存在分析」と対比しつつ、以下考察を進めることになる。

前掲の二理論については、そのどちらもが現代思想のありようを特徴的に規定していると本論ではとらえているが、それはともかくとしてこの二理論は学問的に無視できないばかりか、その影響は現代の人間生活全般に及んでいる。精神医学およびその臨床領域における精神分析の影響の甚大さは周知のことで、それは臨床と絡んで一般的な広がりを見せ、その影響は前記のように人間生活全般にも及んでいる。他方、現存在分析は哲学および現象学との関連で生まれ、その影響は主として学問領域に限定されているが、現代文化全般への影響は必ずしも小さくない。

これら二つの理論の影響の広まりのありようは違っている。その端的な現れは、「無意識」概念の広がりと「直観」概念の広がりのありように特徴的である。どちらの概念も「無意識」と「直感」というそれぞれの表象によって一般化されていることでは同じだが、そのありようについては顕著な差異がある。

端的に述べて、「無意識」という一般表象はその意味内容も比較的精神分析の「無意識」概念に近いありようで一般化されているのに対して、「直感」という一般表象の方は広く一般化されているわりには、その意味内容は一般化に伴う歪みが顕著である。その場合の「直感」の一般表象のもつ意味は、現存在分析論や現象学における「直観」概念のそれとは大きな隔たりがある。

本論で「直感」の表示をあえてしているのは、この特徴を視野に入れてのことである。心理学自体にとっては「直観」概念にしても「無意識」概念にしても独自のものはなく、それらはその実証不可能性から学問的視野には入りがたいものとなっている。本論が精神分析および現存在分析との対比を方法としているのも、そのような背景があってのことである。

この項で「自己」と「非自己」を取り上げるのもまた前記のような展開を視野に入れてのことである。その際、精神分析と現存在分析との間には既述のような特徴的な差異があるが、本論では前者のもつ臨床的側面と後者のもつ現象学的あるいは存在論的側面との差異、およびそれらと直感分析との差異をあらかじめ特化しておく必要がある。

精神分析がフロイトの医学臨床の場から生まれ、現存在分析がフッサール現象学の学問の場に端を発し、その後のハイデッガーの存在論的知の深まりから生まれていることは、本論との関係では意義深いものがある。

本論の直感分析は、これまで繰り返し述べてきたように心理臨床における査定（非行少年の鑑別査定）の領域から生まれている。非行鑑別の査定は少年鑑別所という極めて特異な（査定のみを中心課題としている）場で行われるが、その要諦は当該少年のことを知ることに尽きている。その場は心理臨床の場であると同時に、行政的・司法的な「知る場」でもある。そこでは学問の知の働きが臨床および行政・司法と交差している。直感分析はそのような特殊な場から生まれている。

二「自己」

本書の論述のありようは直感の要素としての「自己」によって多く規定されている。推敲の段階においては特にそうである。ただし、下書きの段階ではその限りではない。文章を生き生きしたものに保ち、そこで働く知を硬直させないためには、直感の働きを「自己」に固定しないことが必要となる。そこに不確かさが交わるが、この不確かさには確かさが一つになっている。そこに含まれている確かさは「自己」が直感の要素としてあるかぎりにおいて現れる確かさであり、それはまた逆に不確かさと一つになっている。このような「自己」における働きのありようを本論では「要素」と呼ぶ。他の場合でも、「要素」と呼ぶときはそのようなありようの働きを示唆している。それは固定された概念ではない。現存在分析論的に述べれば実存概念である。したがって、直感概念の要素としての「自己」もまた実存概念である。この「自己」には「非自己」が共に働いている。

既述のように本書の推敲段階においては「非自己」の働きに制限が加わるが、「自己」が実存概念であるかぎりにおいては「非自己」は要素としてあり、「非自己」が消えてしまうことはありえない。だが、それは必要があって働いているものである。文章を生み出すということは「自己」のみが「生きる」を可能にするのでもなく、また「非自己」のみが「生きる」を可能にするのでもない。心はこの二つにまたがって働いているからで、直感が心の根本機能とされるかぎりにおいて直感もまたこの二つにまたがって働いている。「生きる」がこれら二つにまたがっているととらえられることからすれば、「自己」は「非自己」および「生きる」と連帯している。このうちの一つなり、二つなりが欠けるということはありえない。このようなことにおいて身体のありようはどうなっているか、このことが「自己」との関連で問われる。

本論の自己概念と心理学における自己概念との間には前記のような明らかな差異があるが、本論の自己概念に近い概念を探そうとなれば心理学における自己概念をもってくるのが最も適切である。本論の自己概念が直感の要素であると規定されることからこのような矛盾が生まれる。

哲学や現象学や現存在分析論はその自己概念を直観の要素とは規定していない。また、精神分析論においてはユング理論がこの概念に言及してはいるが、その領域ではほかに顕著なものは見いだせない。精神分析では自己概念については意識と無意識（前意識を含む。以下同じ）の概念で説明され、新たに超自我とイドの概念が付加されて終わっている。

以上のことが何を指し示しているかと言えば、哲学、現象学、現存在分析論はもともとそのターゲットとなっている精神なり心なりが一つで全体である存在との関係でとらえられていることにより、自己概念に要素概念を近づける必要が生じていないことである。

ただ現存在分析論のみが現存在という実存概念を生み出すことによって、この概念に自己概念を関係づける契機が生まれている。その理論は根源や超越の領域から人間生活に近づいていく姿勢をもっているが、自己概念が担うべき役割は現存在に当てがわれ、人間生活の現場における自己のありようはそのつど「私」とか「人」とか呼ばれる日常の言葉の内に拡散している。

精神分析における場合はまたそれとも違っているが、自己概念との関係のありようということであれば似たような構造が浮かび上がってくる。精神分析の出自が精神障害の臨床にあることがその方向性を定めている。

精神分析は哲学や現象学や現存在分析論とは違って人間一般を問うわけではなく、精神障害という特殊領域の人間のありようを問うことで差異が生まれている。ここにはもともと精神的健康者と精神障害者の二区分があって、精神分析はこの後者をターゲットとしている。フロイトがこの精神上の差異のありようを医学臨床の必要性から問い始めたことにこの特殊領域特有の自己概念のありようが見いだされ、意識概念の内に潜む無意識概念が特化された。これが精神分析の始まりである。

その進み行きにおいて自己概念は無意識概念によって改めてとらえ直されることになったが、この自己概念の出自は医学臨床の特殊な場に定められており、その限りでは自己概念を要素ととらえる契機は生まれていない。無意識が主役の場に出たことによって自己概念は新たに生まれた無意識概念の規定に従うことで終わっている。その後の展開でこの規定は精神的健康者の自己概念にも向かうことになり、自己概念に関わる一般化としての越境が、障害者から健康者へと逆方向で生じている。

いずれにしてもすでに述べたように現代思想への影響の大きさという点で二つの巨峰のように聳えているこの二種の知の働きは、本論にとっては極めて重大な関心を呼び起こす精神的光景である。そのような光景のうちで自己なり直感なりのありようがないがしろにされていることには看過しがたい事項がある。

他方、心理学がもともと前記のような問題を摘出できるだけの容量を持ち合わせていないことも本論にとっては看過しがたいことである。

哲学、現象学、現存在分析論のいずれにしろ、あるいは精神分析論にしろ、その扱う知の領域が事実領域に限られていないことからすれば、従来の心理学が逆に事実領域にその目標を限定していることによって前記の重要事態に立ち向かうことができないのも当然である。本論が自ら固有の責を担うのはこのような領域に関してであり、その第一の鍵概念が要素自己としての実存概念である。

従来の心理学には実存概念はありえないから本論の自己をそのまま心理学の自己に重ね合わせることはできない。だが、本論の自己は実存概念でありながら、それが要素としての別の半面を強調すれば、それはそのまま心理学の自己に重なっている。

従来の心理学は本論におけるような要素概念としての自己を認めておらず、その自己は他の心理学の概念同様に事実領域に限定されている。換言すれば単なる表象としての概念である。そして、その部分としての実体こそが本論で要素自己と呼ぶものの半面であり、自己が文字通り表象であることからすれば本論にとってはそのまま心理学の自己は要素自己と実体上重なっている。

本論の要素自己もまたもともと表象性を特化させているととらえられているからである。この表象性に身体性が絡むことによって別の半面である「生きる」要素が直感との関連で生まれている。

身体とは「生きている『物』のこと」と換言可能であるから、この「物」は単なる「物」ではありえない。加えて、その場合の「生きている」が人間の場合の「生きている」ことであることから、単なる「生物」のことでもありえない。本論の要素自己には「物そのもの（このような標記は、表象としてでないことを示す。「物」自体と標記する場合もあるが、これも同様である。以下同じ)」や「人間以外の生物そのもの」は属していない。そうかと言って、それが直感の要素であるかぎり、心理学における自己(表象性としての)は本論の要素自己に重なっている。本論の要素自己が要素であるかぎりにおいて、それは哲学、現象学、現存在分析論、あるいは精神分析理論における自己よりも心理学の自己に近い。心理学が通常の人間の心をターゲットとするかぎりにおいてそうである。

ただし、臨床心理学や犯罪心理学など特殊心理学の場合にはこの限りではない。だが、そうは言っても本論の立場ではこのような特殊領域でも特段の変化は生じない。その自己が要素としてとらえられているかぎり「表象性」とは別の半面が自己領域にも重なっているからである。本論の直感が直観と表示されていないことがそのことを明かしている。

心の根本機能はいついかなる場合でも心の根本の機能として働いていて、要素自己はこの働きにいつ・いかなる場合でも前記の二つのありよう(表象性と身体性のありよう)で参画しているし、また逆にこの働きによって支えられている。

直感の要素としての「自己」についての言及は、ほぼ前記のことで尽きている。概括的に述べて、心理学における自己概念を想定しても差異は少ない。むしろ、そのようにとらえておく方が、本論のもつ難解さをカバーできるので便宜的である。したがって、この項での言及はこの程度にとどめておくことにし、後続の項で必要に応じて要素自己についての展開を補足的に取り上げる。

注

(1)「論理学研究(3)(Logische Untersuchungen, 1922)」立松弘孝、松井良和(訳、一九七九)みすず書房

(2)「知能の心理学(La Psychologie de l'intelligence, 1947)」波多野完治、滝沢武久(訳、一九六七)みすず書房

(3)「タイプ論(Psychologische Typen, 1967)」林直義(訳、一九八七)みすず書房

（4）「イデーンI・1　純粋現象学と現象学的哲学のための諸構想　第一巻　純粋現象学への全般的序論（Ideen zu einer reinen phänomenologie und phänomenologischen philosophie, 1950)」渡辺二郎（訳、一九七九）みすず書房

（5）「時間と他者（Le Temp et l'autre, 1948)」原田佳彦（訳、一九八六）法政大学出版局

（6）「存在のかなたへ（Autrment qu'être où audela de l'essence, 1978)」合田正人（訳、一九九九）講談社学術文庫

（7）「有と時（Sein und Zeit, 1927)」辻村公一（訳、一九九七）創文社

（8）「生きられる時間（Le Temps Vécus /Études phénoménologiques et psychopathologiques, 1933)」中江育生、清水誠（訳、一九六七）みすず書房

（9）「時間概念の歴史への序説（Prolegomena zur Geschichte des Zeitbegriffs, 1925)」常俊宗三郎、嶺秀樹（訳、一九八八）創文社

（10）「現象学の根本問題（Die Grundprobleme der phanomenologie, 1927)」溝口兢一、松本長彦、杉野祥一、セヴェリン・ミュラー（訳、二〇〇一）創文社

（11）同前

（12）「抑圧ほか（Verdrängung, 1915)」井村恒郎（訳、一九七〇）フロイト著作集6　人文書院

（13）「自我とエス（Das Ich und das Es, 1923)」小此木啓吾（訳、一九七〇）同前

第二章

直感分析

第一節　直感分析と「精神分析」の対比

精神分析は「分析」と名乗っていても、「生きる」そのものとは切り離せない。その点は本論の直感分析も同様である。精神分析を精神医学と対比させ、直感分析を心理学と対比させたとき、「生きる」は一つのきわ立った鍵概念になる。これら二つの分析法は「生きる」から離れては成り立たず、また学問はもともと「生きる」から離れていなければ成り立たない。

前記の二つの対比は「分析」と「学問」の対比であるが、「分析」と「学問」が類似の意味を含むことからその対比は鮮明になっていない。精神分析を精神分析論と言い換え、直感分析を直感分析論と言い換えたとき対比は鮮明になる。「分析」の方ではなく、「論」の方が鍵を握っている。次項で登場する現存在分析においてもこのことは該当している。現存在分析論と現象学あるいは哲学との対比である。そこにもまた別の種類の「論」と「学」の対比が浮かび上がっている。

前記のように「論」と「学」の対比の目安として「生きる」が鍵概念になるが、換言すれば「実存概念」が鍵を握っている。[1] 実存概念は「生きる」と一体となっている特殊な概念である。その場合、本論を含めた三つの分析論の共通性もまたそのことに尽きていて、もともと「実存概念」という表現は現存在分析論に由来する。[2] また精神分析においては無意識概念が「実存概念」の代用のようにあって、精神分析の面接場面では無意識が隠れた主役となって展開する。他方、「学」としての精神医学、心理学、哲学、現象学においては概念は概念であって、「実存概念」の入り込む余地はない。

「要素自己」概念は実存概念であるとすでに述べた。それは一例にすぎず、本論における概念の多くは実存概念である。単なる表象すらその様相を帯びている。「自己」という表現にあるように括弧付きにするのもその端的な現れであり、要素自己と呼ぶのもそうである。加えて、単に「自己」と呼ぶ場合でも、必要があれば他の自己概念と突き合わせて点検してみるのも、また本論の自己概念と心理学の自己概念について詳しく述べたのもその現れである。それぞれ「自己」のもつ意味が違っている。前記の三つの分析論のうちで実存概念が身近なのは本論であり、他の二種の分析に比べれば「学」から離れる距離が大きく、また「論」への密接性は最も大きい。

本論では、「概念」そのものの定義については「事物および事象の意味」ととらえている。「概念」を「意味」と規定することは闇の中を進むようなものであるが、「意味」そのものについては「意味A」と「意味B」の二種に区分してある。端的に述べておけば、表層の意味が「意味A」であり、深層の意味が「意味B」である。

心理学の「自己」と本論の「自己」との差異において述べたことが、前記の「意味」の概念にも通じている。心理学における自己概念は「意味A」としてのありようにおおむね対応し、本論における自己概念（要素自己）は「意味B」を含む「意味A」としてのありようにおおむね対応している。

「意味」の概念を実存概念ならしめる要素が「意味B」の担う意味である。「意味A」の固定化のために排除された「意味」が「意味B」である。ないありようの「意味」である。「生きる」要素としての「ある」の全体性のありようを否定する「意味」である。だが、「意味Ｂ」とされるかぎりにおいてその「意味」は「ある」に回帰し、同時に「生きる」の「意味」を含む「意味Ｂ」が生まれる。

既述したように「意味Ａ」と「意味Ｂ」の関係は心理学の自己概念と本論の自己概念の関係に対応しているが、心理学の自己概念のありようからは〈方法〉としても〈対象〉としても直感は排除されている。他方、本論の自己概念には逆に〈方法〉としても〈対象〉としても直感が含まれている。この自己は要素自己として規定されている。

心理学なり哲学なりの自己概念から波及する自己概念が「自己」として一般化し、多様化しているが、それはその限りのことである。一般の人びとが「自己」と述べるとき、この「自己」は「生きる」の真っただ中で生まれていることからすれば、単純に心理学や哲学の自己概念からの波及と言って済ますこともできない。

一般の人びとの使う「自己」という言葉は直感の働きのうちに生まれている。この「自己」は要素自己と要素非自己の働きのうちで生まれている。この言葉には「意味Ａ」が顕在しているが、同時に「意味Ｂ」が潜在している。直感分析とはほかでもなく、この潜在する「意味Ｂ」を探ることである。

前記の「意味Ａ」と「意味Ｂ」の関係を、精神分析の基本概念である「意識」と「無意識」に対応させれば分かりやすい。すでに述べた文脈に明らかなとおり、「意味Ａ」は「意味」として一般の人びとの「生きる」に重なっている。そして心理学が一般心理をその主たるターゲットにしていることから、「意味Ａ」は心理学における「意味」の概念に近い。だが、ここに奇妙な光景が浮かび上がる。

心理学は一般心理をその主要なターゲットとし、「意味」の概念にしても「生きる」と重なる「意味Ａ」を主要なターゲットとしている。その用いる学としての言葉もまたその制約から「意味Ａ」から成っている。

だが、この「意味Ａ」の方は心理学が学であるかぎり「生きる」から離れることを宿命とする。心理学が科学（古代ギリシャの形而上学に出自をもつ）に従うことによって自らの運命を規定している。「意味Ａ」のこのような変質は、心理学のターゲットとしての〈一般心理〉にも影響を与え、この〈心理〉は「生きる」から離れる。これは〈一般心理〉ではなく、〈特殊心理〉である。心理学が〈一般心理〉を追うかぎり、これは矛盾である。〈一般心理〉以外の〈特殊心理（たとえば臨床心理や犯罪心理や、幼児心理や青年心理など）〉をターゲットとする場合には、この〈特殊心理〉は「生きる」から離れることによってその特殊性は二重化する。その心理は二重の意味で〈一般心理〉ではない。

前記のことは人文科学一般が科学を方法とすることによる有限性、あるいは自然科学が当然のことながら科学を方法とすることによる有限性などに通ずるもので、その点検の必要性は大きいと想定されるが、ここではそのことは問わない。

〈特殊心理〉は〈一般心理〉でないにしても、それが人間の心理であるかぎりにおいて心理としての実際の働きは「生きる」に重なっている。〈特殊心理学〉もまた〈一般心理学〉と同じ運命をもつ。前記の矛盾のもつ根は、〈一般心理〉と呼ばれる言葉自身の方に潜んでいる。この心理は「心」そのものではない。心理という言葉に含まれる「理」が「心」を刻み、固定化し、心理を特殊なものに追いやっている。〈一般心理〉という言葉自身が矛盾を宿している。

「論」とは違って「学」が「生きる」に重ならないことが前記のような事態を招いているが、心理学はもともと「学」としては特殊である。この特殊性は人文科学一般に通じているが、そうであってもなお心理学は特殊である。心理学が「心」そのものを問うからである。「心」そのものは二つの方向で心理学における「学」としての特殊性をきわ立たせる。一つは、「物」に対比する「心」としての特殊性である。もう一つは、「身体」と対比する「心」としての特殊性である。前者は、「物」における「生きていない」との対比において「生きる」をきわ立たせる。後者は、「身体」と「心」がそれぞれ「生きる」において一体化するという特殊性をきわ立たせる。このような二様の特殊性は、他の「学」には見当たらないものである。

「心理学は意味Aのみで実証は可能か」という問いを立てれば、本論と心理学の対比としてのアナロジーである「精神分析と精神医学の対比」が身近なものとなる。「精神」と「心」はほぼ重なっている言葉である。「直感」もまた同列に並ぶ。したがって精神医学も心理学も同列に並ぶようにも思えるが、ここで「一般性」と「特殊性」の概念が再浮上する。

〈一般心理〉と〈特殊心理〉の対比のありようが「心理学」と「精神医学」の差異を強調し、その対比を尖鋭化させて見せる。実際、精神医学はそれが「精神の病」と絡むことの必然として決定的に特殊化される。「精神を病む」は精神における本質的移行であって、〈特殊心理〉が〈一般心理〉の特殊領域であること以上のものがそこでは生まれている。「精神を病む」は単純に「生きる」ではない。「精神を病む」は「生きる」とは別の方向を指し示す。

すでに述べたとおり「生きる」は「要素根源」から「要素自己」へ、「要素自己」から「要素超越」への方向性を含みもつ。だが、この方向性もまた実存概念であって単純ではない。「生きる」は「戻る」を含みもっている。その一つの現れは、すでに述べたように「超える」が「戻る」と重なるありようのうちにとらえられる。「自己を超える」は「非自己へ戻る」でありうる。この事象のうちに「要素根源」が属している。

「精神の病み」は前記のようなあいまいさのうちに潜んでいる。精神分析の始祖フロイトは「精神の病み」のうちに無意識概念を見いだし、この概念への臨床的対応を通してその病みのうちに「普通に生きるありよう」と「明らかな確かさのありよう」の二つのありようが蘇りうるととらえた。

「無意識」は無・意識である。無の実存性が問われないかぎりそうである。フロイトが西洋の思考様式、とりわけ医学としての科学に従っていたかぎりでそうである。だが、ここでの事態は単純ではない。

「精神の病み」は「生きる」とそのまま重ならないにしても、「生きる」と密接である。とりわけその病みを治癒する医者において「生きる」は密接である。その場合、「医学」が〈明らかな確かさ〉を供給し、「治癒する」が〈あいまいさ〉を用意する。その二つの相反する作用が「ある」を「生きる」に重ね合わせ、新たな「生きる」が生まれる。無・意識の「無」とは「意識としてある」の否定であるが、そこに「生きる」を導き入れている。この「無」は単純に「有る」の否定ではない。

前記のことを本論とのアナロジーで述べれば、「意味A」と「意味B」は直感の要素としてある。ここにはもともと「精神の病み」はない。要素が要素として働き、その場が確保されているかぎりで、ここには「病み」はない。直感が働き、直感がある。

直感には「意識」も「無意識」もない。「意識」は直感ではないし、「無意識」も直感ではない。「意識」と「無意識」のそれぞれが実存概念でないかぎりそうである。「意識」は「無意識」であり、「無意識」は「意識」であると言えないかぎりそうである。精神分析家は「精神を病む人」の「精神」を分析する。その際、「意識」は「意識」であり、「無意識」は「無意識」である。

精神分析家が精神的健常者の「精神」の分析をすることがあるとすれば、そこにはもはや「治癒する」はなく、精神分析としての「生きる」もない。「精神的健常者の精神分析」という特異な事象はあるにしても、そこでは「知」と「意識」が固定されてあり、その場合の「無意識」は精神分析としての意味を失い、「言葉の亡骸」となってその実体は宙に舞う。精神分析家の「知」と「意識」が新たな「意味A」を掬い上げることで終わり、「無意識」は精神的健常者の特殊無意識となって、一般の「精神的病み」やその「治療」から分離される。この特殊無意識は自らの〈ありか〉と〈行き先〉を見失う。

他方、直感分析は「直感が直感を分析する」である。その際、直感は本質的に実存概念である。直感はもともと「生きる」と一体としてある。そのような実存概念に「固定してある」が含まれている。「固定してある」が実存概念の要素としてあるかぎり、その場合の〈直感〉も〈要素〉も実存概念である。

直感分析における「分析する」は「直感が直感を分析する」の「分析する」である。この「分析する」は「病む精神を分析する」の「分析する」と同じではない。後者は「無意識」を対象とするが、前者は「意味B」を対象とする。直感分析における「意味B」は向こう側にあるだけではなく、こちら側にもある。直感分析における「固定してある」は「生きる」と表裏の関係で互いに循環し、交差する。また、直感分析における「意味B」もまた「意味A」と表裏の関係にあり、互いに循環し、交差する。

「精神分析と精神医学の関係」が「直感分析と心理学の関係」と一つのアナロジーを示すにしても、この二種の関係は互いに異質である。その異質性は単に一方が「精神の病み」を扱い、他方が「心一般」を扱うということにあるのではない。

精神分析と精神医学の関係は本来的に「精神の病み」の治癒ということで互いに密接であるのに対して、直感分析と心理学の関係はもともと互いの離反性が強い。心をターゲットとすることがその唯一の共通性であると述べることもできるが、その場合の直感分析の〈特殊性〉に比べれば、その〈共通性〉はないも同然である。直感分析にはもともとただではおさまりきらないものがある。「直感が直感を分析する」ありようが、そのただごとでない〈特殊性〉を浮かび上がらせる。

「意味A」と「意味B」、「意識」と「無意識」の二つの関係はそれ自身一つのアナロジーだが、そのありようは〈重なり〉と〈働き〉において互いに特殊である。

前者の意味A・意味Bの関係は「意味」として一つであり、後者の意識・無意識の関係は「意識」として一つである。どちらの場合も二つの要素が重なって、それぞれの働きをなしている。しかもそれが「心」としてあることでどちらも共通である。それぞれ同じ事象の見え方の違いである可能性さえある。だが、「意味」と「意識」はどちらも「知る」と密接であるが、「意味」は〈知る対象〉としてあり、「意識」は〈知るそれ自身〉のありようである。この差異は本質的である。

「意味」は向こう側にあるとも言えるし、こちら側にあるとも言える。「知る」との関係では、向こう側にあるとした方が分かりやすい。だが、「知る」を「分かる」に置き換えれば、「意味」はただちにこちら側に来てしまう。

前記したように「意識」は〈知る自身〉のありようととらえられるが、一つの「意識」が他の「意識」を知るのであれば、そのかぎりではない。これは、「直感が直感を知る」のアナロジーである。だが、このアナロジーには一つの〈異〉が潜んでいる。

「意識」はいつでも「無意識」を従えている。その逆であってもよい。他方、直感は直感である。この方では〈身体〉までが〈感覚（身体感覚を含めて）〉として直感に含まれてしまう。「直感が直感を分析する」の〈特殊性〉のきわ立ちはこのことであると見えてくる。

「意味Ａ」と「意味Ｂ」は直感として一つであり、直感抜きにしては「意味Ａ」も「意味Ｂ」も成り立たない。これらは実存概念以外ではありえない。精神分析における「意識」と「無意識」のありようとは本質的に違っている。「意識」と「無意識」がそれぞれ一人歩きするような逸脱は、直感には起こりえない。「意味Ａ」は「意味Ｂ」あってのことであり、「意味Ｂ」は「意味Ａ」あってのことである。「意味Ａ」と「意味Ｂ」は要素自己と要素非自己の間を行き来する。「自己」は自ら（意味Ａ）を超えることで「非自己（意味Ｂ）」へと戻るし、「非自己」は「自己（意味Ａ）」へと向かうことで自ら（意味Ｂ）へ戻る。

前記のことが「一つ」としての「全体」としてあり、その「全体」としてのありようが「一つ」として「部分」に関わり、あるいは逆に「部分」がそのようなありようの「一つ」としての「全体」に関わることで分析がなされる。そのことは、今現にここで起こっている。

「直感が直感を分析する」がここで起こりえているのは、人間の「生きる」がここにあるからである。ここにおいては別の一人の人間が必要なわけではない。それが「話す」であれば「聞く」人が必要となるが、それが「書く」であれば「紙」なり「鉛筆」なりが必要になるし、それが「考える」であれば人間の「生きる」がここにあるだけで十分である。「直感が直感を分析する」の〈特殊性〉のきわ立ちとはこのことにほかならない。それが少しも特殊でないことによって、その〈特殊性〉がきわ立っている。

精神分析における「意識」と「無意識」の関係は、それに比べればいっそう特殊であるが、その特殊性はそこ止まりであることで済んでいる。そうであればこそ、「無意識」に関する一般領域への越境もありうることになっている。

一　「意識」と「自己」

精神分析における意識概念は本論の要素自己の概念と重なっているが、前項で述べたとおり後者が実存概念であることで差異がある。これは決定的な差異である。精神分析の創始者フロイトの専門が医学であることがその傾向を決定的にしている。本論は心理学に接しているが、現在心理学の範疇には入っていない。

前項で述べたとおり「意識」は「無意識」ではなく、「無意識」は「意識」ではない。本論の要素自己は「意識」に重なっていて、「意味A」を含む表象によって成立している。だが、「意味A」はすでに述べたとおり「意味B」あっての「意味A」である。

要素自己概念は、「意味B」を根拠にして要素根源、要素超越と重なっている。それぞれが交差し、循環する。人間の要素自己は「根源」から発達し、「自己」となり、それ自身「意味A」から成り、「意味A」の含みもつ「意味B」と互いに交差し、循環する。

「自己」は自らを超越し、その際「根源」において自らを否定する。「意味A」は自らを否定して「意味B」に戻る。それぞれのありようは「意識」が「無意識」を従えているありようではない。

要素超越が「無意識」や「意識」をあたかも灯台の明かりのように照らしているわけでもない。互いにそれぞれの要素としての役割につき、三者三様のありようで直感を支えている。そのありようが「生きる」であり、すべての要素が同時に生きている。ただし、人間の「生きる」においては「意識」がそうであるように「自己」が前面に出る。生きるのは「自己」であって、「非自己」ではない。そうは言っても「非自己」がなければ人間の「生きる」がありえないのは、「意識」のみならず「無意識」がなければ人間の「生きる」がありえないのと同様である。だが、「自己」に主体があるようには「意識」に主体があるわけではない。

「自己」には、「根源」から「自己」へ、「自己」から「超越」への方向性が属していて、人間が生まれて死ぬのはこの方向性に従うかぎりにおいてである。

他方、「意識」は「意識」であってそこには方向性はない。精神分析の扱う「精神」が特殊であることにこのことは如実である。そこに方向性が生ずるのは、精神分析家が精神の病みの治癒を目指すかぎりにおいてである。精神医学はそのような事象を「自己の回復」と呼ぶ。「意識」と「無意識」のありようが望ましい方向へ改善されることである。

前記のことは「主体の回復」のことだが、その場合でも「意識」は「意識」であり「無意識」は「無意識」であって、科学としての医学がそのありようを規定している。その際の「生きる」の根源がどのようなありようのものであるかは定かではない。「生きる」がどのようにして可能となっているかも定かではない。その解明のためには、改めて身体を対象にしてみなければならない。

精神分析という心理治療の場における「生きる」のありようは、前述のように一つには精神分析家における「治療する」としての「生きる」である。他方に、精神を病む人の「生きる」が一種の逸脱のありようとしてある。その逸脱は精神の、心の逸脱のありようであってきわめて特殊である。

逸脱ということであれば、身体における行動の逸脱として、たとえば犯罪や非行の行動に特徴的で、この方の逸脱は分かりすい。心理学的に行動の逸脱と述べることで通る。これは「生きる」における逸脱である。この逸脱においては「生きる」はそのままのありようで続いている。

だが、前述の「精神を病む人」の場合の「生きる」はこれとは異質である。だからこそ、精神分析家の「生きる」が本質的なありようで参加することとなる。前述したように、「精神を病む人」における多かれ少なかれの「自己の崩壊」がこの事態をもたらしている。

前記した「行動の逸脱」と「心の逸脱（自己の歪みや崩壊）」との差異は〈身体〉と〈心〉の対比から生じているととらえることが可能で、この視点からは両者における「生きる」のありようが浮き彫りになる。「行動の逸脱」においては〈身体〉が主役であり、他方、「精神の病み」においてはそのほとんどが〈心〉のありようのことである。その際、〈心〉にとっての「生きる」とは何であるかが問われる。

精神分析においては一方に「治療する」としての「生きる」があって、他方に「精神を病む」としての「生きる」があるととらえられた。この二つのありようとしての「生きる」が精神分析の場で交差する。一方の「生きる」が分析し、治療し、他方の「生きる」がその際の分析や治療の対象となる。分析や治療が「話す」を中心にしてなされる。「話し言葉」が鍵を握っている。

精神分析と直感分析との対比は、前記のことのうちに浮き彫りになる。すでに述べたように「意識」・「無意識」と「意味A」・「意味B」のそれぞれのありようの二つの位相が対比される。そのどちらにおいても「言葉」が主役になっていることの、「生きる」にとってもつ意味は大きい。

「言葉」を主役とした「生きる」は単なる「生きる」ではない。その鍵は「分析」概念が握っている。「分析」が含みもつ「知る」が「生きる」のありようを特徴づける。

「知る」は意識・無意識にとっても、また意味A・意味Bにとっても欠かせない働きとしてあるが、それぞれのありようは違っている。

「知る」は「無意識」にとっては他人事だが、だからと言って「意識」にとっては「知る」が常に必要であるわけでもない。「知る」が働かなくても「意識」は消えてなくなってしまうわけではない。「意識」には無限の広がりがあり、直感分析論的に述べれば「無意識」のありようと重なっている。このようなありようにおいては「知る」は脇役でしかない。

他方、意味A・意味Bにおいては事情が大きく違っている。「意味A」、「意味B」それぞれが「意味」と呼ばれるかぎりにおいて、それらは「知る」と切り離すことはできない。

「知る」の対象は常に「意味」であると言っても過言ではない。だが、前記のことからしてただちに精神分析は直感分析より「知る」との関係が希薄であるとは言えない。むしろ、その逆のありようを示す。

精神分析家はクライエントの心を知ろうとする姿勢をほとんど崩すことなく面接を進める。少なくともクライエントの心を知っていなければ、その治療の目的はおぼつかない。そこで起こっていることは「意識が無意識を知る」ありようである。「意識」と「無意識」が二分されることでこの事態が起こっている。

精神分析の面接では、単に自己と別の自己が向き合ってあっているだけではない。「意識を前面に出して働かせている自己」と「無意識を前面に出させられている別の自己」が互いに言葉を媒介にして向き合っている。「知る」としての「生きる」が「知られる」としての「生きる」と向き合っている。前者における自己は「意識」によって「明らかで確かなもの」としてあるが、後者における自己はもともと多かれ少なかれ〈歪み〉や〈崩壊〉としてあり、「無意識」が素材とされることで「明らかな確かさ」はさらに後退する。

直感分析における「自己」のありようは、上記の精神分析の場合とは対照的である。直感分析における分析の対象は精神分析の場合と同様に人間でもありうるが、それに限らずあらゆる事象に向けてなされうる。自己・他者関係が特化されているわけではない。

直感分析における「自己」は直感の要素としてあり、「自己」は「非自己」に支えられていることからすれば、その広がりは無限になる。そのありようこそが直感分析における「生きる」のありようである。

その際の「分析」が「知る」に色濃く染められるにしても、そこにはいつでも「生きる」が濃淡さまざまなありようで参画している。この「生きる」は単に「知る」としての「生きる」ではなく、逆に「知る」の方が「生きる」の要素としてある。「自己」が直感の要素としてあるのと同じである。

精神分析では「意識」が「無意識」に対して優位に立つが、直感分析では逆の関係として「意味B」が「意味A」に対して優位に立ちうる。

そのようなありようから精神分析では「無意識」を対象化することによって「自己」の安定が目指される。他方、直感分析では、「自己」が日常生活で主役の任につくことに変わりはないが、「自己」にとっての「生きる」は「日常性を生きる」に限定される。ただし、直感が主題化される場合にはその限りではない。

直感には「自己」ばかりか「非自己」も含まれている。それゆえに、前記したように「意味A」のうちに隠れている「意味B」が優位性を主張することがありうる。直感分析はこのように「意味B」が「意味A」に対して優位に立つありようのうちに位置付けられる。それは単に治療関係に限られることでもない。

直感分析における「知る」は、「意味A」のみならず「意味B」もまた知ることである。「知る」はそのことによって先鋭化し、分析が進めばむしろ「意味B」を知ることが前面に出る。

同様に「自己」としての「生きる」は「自己」を超えたり、あるいは「自己」を深化させたりすることでもありうる。「自己」は各要素同士のバランスによって、さまざまなありように変化する。時には「知る」が退いて心の別のありように変わることも多々ありうる。そのようなありようの「自己」には無意識ばかりか身体も属しているからであり、そのことによって感覚も感情もまたそこに属している。

二　「無意識」と「自己」

直感の要素としての「自己」は身体および感覚を含むことで「意識」とは決定的に位相を異にしている。他方、本項で扱う「無意識」はフロイト理論に明らかなように「意識」との対比で〈身体性〉と密接である。

「無意識」は「自己」と「非自己」との位相においてはむしろ「非自己」に対応している。「非自己」のうちでも要素根源に対応している。「自己」以外の一切を「非自己」と規定してあるからである。そのことによって身体や感覚は「自己」に属し、「無意識」は「非自己」に対応するというある種の分離が本論とフロイト理論との差異を特徴づけている。

前記の事態は本論における〈身体性〉の特徴をきわだたせる。その特徴は、身体と心、心と物、物と身体の各位相をそれぞれ特化する。その鍵を握っているのが〈身体性〉である。

人間の「生きる」において身体と心は一つになっている。どちらか一方だけで「生きる」を支えることは不可能である。

このことは「自己」と「非自己」との関係にも妥当し、そのどちらか一方だけで人間の「生きる」を支えることは不可能である。この「自己」には身体も含まれ、それればかりか「非自己」には物さえも含まれている。この方における人間の「生きる」はより完璧なものとなっている。

心は「意識」と「無意識」によって支えられている。これに身体を加味させれば、心そのもののありようはほぼ完璧である。

だが、人間の「生きる」は前述のとおり身体を丸ごと必要とし、それればかりか〈物〉も必要であり、しかもこの〈物〉には人間以外の生物の〈身体性〉もまた、たとえば愛玩物や食物として必要である。

日常性とは「人間が日々生きている場」における相互共通性、相互了解性のありようである。その場は常に明らかで確かな場であるが、いつでもはっきりしているとは必ずしも言えない。

日常性は「生きる」そのものと密接であり、「生きる」との関係で生動に満ちていて、その意味では安定することがない。安定を求めるのであれば一休みしなければならないが、その場合でも身体はともあれ心は必ずしも休めるわけではない。「生きる」においては身体ばかりでなく、いつでも心が参画している。そのようにして「自己」と「非自己」の合成が直感として生きている。

上記の点は意識・無意識の位相でも同じであるが、この方には身体が含まれていない。「意識」と「無意識」にとっての日常性はそこに身体が含まれていないことで特殊である。

すでに述べたとおり「意識」と「無意識」の二概念は直感とは違って実存概念ではない。「意識」は「無意識」との差異を強調するだけではなく、身体との差異もまたをそれ以上に特化する。

これらの差異の出自が精神治療の場であり、医学の一手段としての精神分析にあることから、精神を構成する「意識」と「無意識」の二概念から身体は排除される。身体を呼び戻すためには改めて身体医療の場に戻ることが必要で、それによって精神のありかとしての脳や神経や生体の諸機能が主題化される。精神分析と並行して薬物が使用されることにそのことは端的に現れている。

身体のありようは日常生活においてきわめて特徴的である。それは目に見えていつでもある。孤独な生活をしている人にとっても自らの身体は見えるし、自らの身体ということであれば、その見えるありようは身体の一部に限定される。その代償のように身体は「自己」そのものと一体となったありようを示す。

直感の一要素としての「自己」に身体が含まれていると述べることの妥当性の証は、前記のことのみで足りている。このことは「自己」が実存概念であることも同時に明かしている。

「自己」の根源であり身体の根源でもある胎児が、自ら要素根源に属していることを告げでもしているように人間の根源として控えている。胎児は人間と呼べないかぎりにおいて「生きている物」であり、「生きている物」と呼べないかぎりにおいて「物」である。そのような方向性で心は希薄になり、身体が前面に出る。だが、それが生きているかぎりにおいて直感のありかははっきりしている。

本論では上記のようなありようの直感を「根源直感」と呼ぶ。それは「非自己」を主要素とした直感であるが、「自己」を根源において支えている直感でもある。

上記の「根源直感」とは違うありようで働く「非自己」特有の直感が別にある。「根源直感」が「自己」を根源において支えているのとは対照的に、「自己」の要素を希薄にすることによって特化される直感である。西欧哲学では、このような直感を「純粋直観」と呼ぶ。その極限において「非自己」に変身してしまう直感であり、これは特殊直感である。

本論では前記のような直感との対比で、多かれ少なかれ「自己」が主要素として参画する直感を「一般直感（普通の直感）」と呼ぶ。本論で単に直感と呼ぶ場合は一般直感のことである。「非自己」の要素が希薄になるに応じて一般性（普通さ）は特徴的になるが、その程度が度を越えてしまえばその限りではない。たとえば学の思考において働く直感については改めて考察する必要がある。

三　「意識」と「非自己」

前項で述べたとおり、「意識」と「自己」はほぼ重なっている。どちらもが表象概念を拠《よ》り所としていることにおいてこのことは明らかである。要素自己に限らず、哲学でも心理学でも自己概念は自己そのものとしての表象にすぎない。デカルトが懐疑に対して最後の砦とした自己である。彼がかつて神概念を含めてあらゆることを懐疑し自らの根拠を求めたとき、現にそのとき懐疑し思考しているこの「自ら」だけは疑うことができないとして見いだした自己である。だが、そのような出自から知れるように、この自己には実体があってないようなありようをしている。デカルトに始まる自己概念は「われ思うゆえにわれあり」とされる文脈に見られる自己であるが、この自己は一つには「思う」に特徴づけられている。また、その半面として「ある」にも特徴づけられている。

前記のことは直感の要素としての「自己」を考えるうえで重要である。デカルトの「自己」概念は「思う」に偏る傾向をもち、他方、同時に「ある」に傾くありようも特徴的に示している。〈思考〉と〈存在〉の二つの柱によって成り立っている。

〈思考〉と〈存在〉ということであれば、これは「意識」に近接する表象のありようである。この三つの表象は互いに二人三脚のようにしてつながっている。しかも、この二人三脚のありようは西欧哲学の全体像に重なっている。前記の自己概念に「意識」が含まれるにしても、それは〈思考〉との関係の濃い「意識」である。デカルトの時代にはまだ「無意識」概念は見いだされていなかったから「意識」の背後に「無意識」が潜在しているはずだが、〈思考〉においては「意識」があれば足りていて、仮に「無意識」概念が発見されていたにしても〈思考〉との関連で排除されたにちがいない。現に西欧哲学の原点としての古代ギリシャの形而上学では、それが形而上学と呼ばれるように、もともと〈存在〉から〈無〉は排除されている。

上記の文脈に直感概念を位置づけてみれば、西欧哲学の歴史の流れにおいて「無意識」を含みもつ「一般直感」概念が生まれなかった背景が浮き彫りになる。

精神分析に話を戻せば、フロイトが精神病の臨床において「無意識」概念を見いだしたことが画期的なものであったと改めて了解される。

フロイトに始まる自己概念においては「無意識」が重要な働きをしていると照明が当てられた。その際、西欧哲学がすでに見いだしていたデカルトに出自をもつ自己概念が「意識」と一体となるものだったことから、その後時代を下ってフロイトによって「無意識」が「意識」とは別のものとしてとらえられたとしても何ら不思議ではない。

この「無意識」は遠く近世の始まりにおいても、デカルトの「われ思う」と「われある」が共に重なっている「意識」概念のうちにすでにあったはずである。そこに現にあったはずの「無意識」は、デカルト自身が形而上学の境涯に立っていたがゆえに〈無〉としてであれ、〈非〉としてであれ必然的に排除された。

西欧哲学では「無意識」概念は潜在したまま現代に至っている。このことは「一般直感」概念が現在もまだ西欧的学問体系において特定されていないことの半面であるととらえることができる。本論では、このことを一貫して問いつづけなければならない。

「非自己」概念がここで強調されていることには前記のような背景がある。すでに述べたとおり、「意識」は直感の要素としての「自己」にほぼ重なっているが、西欧的学問に連なる「意識」概念は特殊である。

一つには、この概念がすでに述べたように古代ギリシャの形而上学の「存在」概念に出自をもつことにある。そこからは「無」概念が排除されている。

加えていま一つには、その後の西欧の形而上学は宗教、科学、哲学の進展に伴い、「表象」が根拠の土台に据えられたことである。加えて、「表象」の変種としての「数字」が更なる土台に据えられたことである。

西欧の学問と思潮は上記の三要素に導かれて現代がある。「意識」概念もまたそのような流れのうちにとらえることが肝要である。「存在」と「表象」と「数」の三概念が鍵を握っている。

振り返って本論の自己概念に目を向けてみれば、それが上記の三要素に支えられていることが了解される。それは本論が心理学と接し、西欧哲学と接し、それればかりか科学や芸術一般とも重なっていることに端的に現れている。直感の領域要素としての自己領域にはこれらすべてが属しているからである。「存在」と「表象」と「数」の三概念がそのことを可能にしている。

上記のことにはただちに付加条件が添えられる必要がある。

本論と前記の心理学、西欧哲学、科学一般、芸術一般との差異もはっきりしている。その鍵を握るのが、本項で取り上げられている「非自己」概念である。

本論の自己概念には「非自己」概念が一体となってあり、それらはいつでも要素として直感を支えている。換言すれば、すでに述べたとおり本論の「自己」概念は実存概念であることに尽きる。

本論の「自己」は単なる概念ではない。「生きる」と一体となった概念である。学問一般も芸術一般も多かれ少なかれ「生きる」に重なっているととらえられるから、それらはすべて本論から排除されることはない。その指標となるのは、直感に要素としての「非自己」が属していることである。

本論では、「非自己」の定義は「自己以外の一切もの」としてある。明快すぎてあいまいであると言われても仕方がない。直感そのものがそのようなものであるから、この明快すぎてあいまいな性質は直感の本質である。

前記のような特質をもつ概念はほかにもある。その一つは、すでに述べた「数」概念である。これもまた明快すぎてあいまいである。「無」概念もそうである。「ない」という性質の明快さがかえってこの概念を不確かにしている。そう述べれば、既述の「存在」概念もそうであって、西欧哲学の行き詰まりはこのことによって起こっている。また「神」概念も同様である。これらの概念についてはいずれ再考が必要であるが、その鍵を握っているのが「非自己」概念である。

四　「無意識」と「非自己」

〈学〉にも「生きる」があるが、それは「知る」としての「生きる」に限定されている。この「生きる」からは、普通の「生きる」は排除されている。現代の〈学〉のほとんどは西欧の〈学〉に属するかその延長線上に位置づけられるが、その大もとは前項で述べたとおり古代ギリシャの形而上学の「存在」概念に行き着く。だが、その後中世、近世の歴史的変遷が「神」概念、「自己」概念、「数」概念を鍵として、前記の「存在」概念に新たな展開を迫ったととらえることが可能である。前項で述べたとおり、そのキーパーソンがデカルトであった。その際の鍵が「自己」概念であった。この「自己」概念そのものがそれ自身中心に置かれた「表象」であり、そこからあらゆる「表象」がデカルト的〈形態〉と〈色彩〉を帯びたと述べることが可能である。

本項で取り上げる「無意識」と「非自己」の二概念は、前記のような背景の下に置いてとらえることが適切である。そのいずれの概念もが当時の特有な時代背景と「知る」事象の内に潜在していたととらえられる。現にこれら二つの表象はまだ当時存在していなかった。そして、この二つの潜在概念はそれぞれ潜在したまま近世、近代、現代と続く諸文明の洗礼を受けてしだいにその存在を明らかにしてきた。とりわけ前者の「無意識」は、前項で述べたとおりフロイトによって明らかな確かさで表象化された。

だが、その後の「無意識」概念の歩む行程は今もなお現代文明の波とともに浮沈する状態を続けている。「無意識」という概念はそもそも一般的に何を意味するかはなお明確ではない。後者の「非自己」については本論の立場で初めて表象化しているにすぎず、繰り返し述べてきたようにそれが実存概念であることからもともと存在概念の範疇には入っていない。「無意識」が存在概念として表象化されているのとは違う。実際、このような事態が起こってきている背景には、「無意識」のもつ「無」の概念が鍵を握っていると推察される。

「存在」概念を「無」概念と相対化させたときには、「存在」概念はもはやそれまでの「存在」概念ではなくなる。「無」

概念との相対性が「存在」概念の絶対性を否定し、その変質を迫るからである。

この問題についてはサルトルが西欧哲学の立場から取り上げているが、一般に彼の哲学は実存哲学と呼ばれている。その論述には「無意識」概念も大幅に取り入られている。そのことからも知れるとおりその哲学は実存哲学であるにしても、そこで使用されている概念は実存概念ではない。「無意識」は「意識」との対としてとらえられ、「無」は「存在」との対比でとらえられている。その間に優劣の差をつけるにしてもその相対性が崩されるわけではない。

サルトルの実存哲学において「神」概念を外すことができないことは、本論ではっきりしている。人類史のいずれにおいても「神」概念がつきまとう事実一つを挙げても、そのことは首肯される。このような事象において「神」概念が「物」概念と対立的に浮上してきていることは本論にとって興味深い。

直感にとっては一方に「神」概念を控え、他方にそれとのバランスを取るかのように「物」概念が控えている。ここで述べるようなバランスとは、まさに「実存」そのもの、つまり「生きる」そのものであることも見えてくる。ただし、ここでの「生きる」は前述したような〈学〉に属する狭い意味での「生きる」ではない。普通に誰もが生きているありようの「生きる」である。

ここで前記した〈学〉に属するような狭い意味での「生きる」を「特殊実存」と呼び、普通の誰もが生きるありようの「生きる」を「一般実存」と呼ぶことにする。

前者の特殊実存は、〈学〉における「知る」としての「生きる」である。この概念は「生きる」一般には重ならず、学者における「生きる」一般が別のありようとしてある。だが、そうであっても「生きる」は「生きる」であって、それらは「知る」とは違っている。単なる「ある」とも違っている。

特殊実存も一般実存も「生きる」であって、それは単に「知る」でもなければ、単に「ある」でもない。「生きる」

は「死ぬ」に代わるのでなければ、なくなることはない。その「生きる」は直感の働きによって可能となっている。「知る」の方もまた直感の働きによって可能となるが、それが〈学〉における「知る」のこととなれば、そこからは直感は排除される。純粋直感のみに召集がかかるが、この問題にはカント哲学において一つの極みに達する超越論が加わり、一筋縄では済まされない。その極みにあっても、カントの「生きる」は「知る」とは別にありつづけている。本論における「非自己」概念は「超越」と「根源」の二要素によって成り立っているととらえられているから、事態はいっそう複雑である。この二要素はともに「非自己」を支えているが、その働きは拮抗的である。

「超越」はカントの超越論に通じ、「知る」は顕在的であれ潜在的であれこの行程を歩まずに完遂は不可能である。

他方、「根源」は本論では「身体」を含みもち、「知る」の純粋性においてはこの「根源」は排除される。そのことによって既述のように〈学〉における「知る」からは一般直感は排除され、純粋直感としての特殊直感のみが残される。換言すれば、〈学〉における「知る」には純粋直感のみが既存権をもちつづける。しかし、これも形而上学の思惟にかぎられていて、その他の大半の〈学〉においてはこれも排除される。

「非自己」は基本的に〈学〉における「知る」からは排除される。そのことにおいては、上記のように直感の要素としての「超越」が排除されることになり、本論からすれば〈学〉における「知る」は自ら矛盾を抱えているととらえられる。「超越」なしには〈学〉は成り立たないからである。その「超越」が単に「表象」概念のことであるにせよ「数」概念のことであるにせよ、そうである。

前記のような事態が生ずるのには理由があり、すでに述べたとおり「非自己」はデカルト以来の存在概念（自己概念）の範疇には入らないからである。そこでは自己概念に由来する一切の表象群のみが存在概念に重ねられる。そこからは「神」概念が排除され、「物」概念、「数」概念は「自己」概念の洗礼を受けることによって存在概念に吸収される。西欧文明を中心とした周知の科学の発達はこのことによって起こっていると本論ではとらえられるが、当初そこにあった「物」概念と「数」概念が「自己」概念と同化したことによって主体のありかのあいまい化が生じ、現代文明を窮地に追い込んでいるととらえることが可能である。

デカルトが懐疑からの最後の砦とした「われ（自己概念）」以外の一切のものが本論では「非自己」概念であると規定されている。このことのうちに前記のような背景をとらえておくことが肝要である。

その一つは、「超越」概念の問題である。この概念にはもともと「あいまいさ」と「明らかな確かさ」が一つになっていることである。

いま一つは、自己概念と結び付いた「物」概念と「数」概念が自己概念の主体を奪いうることである。最後の一つは、自己概念が〈身体性〉との関係のとらえ方によってその概念内容が一変することである。

前記の最後の問題は、本項の鍵概念である「無意識」概念との関係で重要である。

デカルトは「われ（自己概念）」から「無意識」概念を排除しているわけではない。と言うより、「排除できているわけではない」と述べた方がより正確である。デカルトが古代ギリシャの形而上学の歴史に連なっているかぎりにおいてそうである。「われ思うゆえにわれあり」という彼の言明がそのことを証している。その後フロイトによるこの概念の発見が引き続きそのことを証している。

既述したとおり〈学〉における「知る」はデカルトの「われ」つまり自己概念から生まれている。それが無数の〈表象〉群を生んでいる。「無意識」は遅れてやってきた新たな〈表象〉である。

〈学〉における「知る」には「無意識」概念が含まれている。〈学〉自身がそのことに気づかないにしてもそうである。精神医学と精神分析の関係のありようを一つ挙げておけば、その事情は明らかである。ただし、この場合には「知る」の対象としての「無意識」と「知る」に含まれる「無意識」とが錯綜していて複雑である。

前記のように特殊実存〈学〉の「知る」における「生きる」）は「無意識」概念を含むが、〈学〉がそのことに気づかないかぎりその概念は当然存在概念ではなく(デカルトにおいてそうであったように)、実存概念でもありえない。そうであってもこの概念の出自は遠くデカルトの自己概念に由来している。

前記の文脈にある自己概念は、本論の自己概念と重なるにしても差異も明らかである。本論の「自己」概念は「非自己」概念と連動して直感の働きとなり、そのどちらもが実存概念であり、特殊実存も一般実存も支えている。単に「知る」としての「知る」のみならず、「生きる」としての「知る」にも実存概念としての「自己」が働いている。それればかりか「生きる」としての「生きる」、つまり「行動」においてもまたこの「自己」は身体丸ごと働いている。

上記のことは動物全般のありようにも広がり、そこで働く直感は本論では「根源直感」と命名されている。その場合には「自己」はなくなり、「非自己」のみが働く。動物は「超越領域」を「根源」として生きているととらえられる。生物の一種としての植物にもこの働きは普遍化するであろうと想定できる。植物に「非自己」があることは動物と同じであって、そのどちらにも「自己」は欠落しているか希薄化しているととらえられ、「自己」と対比する「非自己」要素をそこに特化はできないが、「非自己」を構成する要素超越と要素根源の重なりが何らかの働きをすることは想定できる。

要素根源としての生体が超越領域を生きるありようの「生きる」は現に自然界にあるし、そのような「超越」と「根源」の合成としての特殊直感の働きは、そこに「自己」がないゆえに「非自己」の働きとは呼べない(「非自己」は「自己」あってのものだから)にしてもありうる。

五　直感分析と精神障害

精神分析は、改めて言うまでもなく精神障害の治癒との関連を第一義としている。その方法がフロイト理論に出自をもつことにこのことは明らかである。他方、直感分析は非行臨床の心理査定の場に出自をもっていることで精神分析との差異がある。前者は同じ心理臨床の場に属していてもその眼目は精神障害にあるのではなく、犯罪非行の逸脱行為にあり、しかもその矯正が主たる目的ではなく心理査定が目的となっている。

前記のことは、本論の「自己」および「非自己」の両概念を考えるうえできわめて重要である。すでに取り上げたとおり意識・無意識の両概念は精神分析にとっては鍵概念であり、この両概念を抜きにしては精神分析の営みは考えられない。しかも無意識概念は、これもすでに述べたとおり精神分析の誕生の場で初めて生まれている。この概念は特殊概念であり、一般化できない。このことの影響はその関連概念である自我概念（たとえばフロイトの場合）および自己概念（たとえばユングの場合）にも及ぶことは必定である。ユングがフロイトと袂を分かってその独自の心理臨床を進めたことを考慮に入れれば、自我および自己の二概念の特殊性について改めて吟味を加えることの必要性は大きい。

前記の問題は、本論が掲げている「自己」および「非自己」の二概念を考慮する場合にはきわめて参考になる示唆を含んでいる。

フロイトにせよユングにせよ、精神分析が一つの治療法になっていることに変わりはない。換言すれば意識・無意識概念が鍵を握っている。すでに述べたとおりこの両概念の出自は遠くデカルトの意識概念（「思う〈われ〉としての〈ある〉こと」）に端を発する。このような表象のありようのうちに「思う〈われ〉としての〈ない〉こと」が潜在しているととらえられる。このような命題に潜む「ない」は単なる「ある」・「ない」の「ない」ではない。「思う〈われ〉」としての「ない」である。これが後年フロイトの発見することになる「無意識」である。

上記の「思う〈われ〉」としての「われ」とは精神分析にとっては何を意味するか、このことが改めて問われるが、それはデカルトにおける自己概念に相当していると言ってよい。表象群の中心としての、あるいは表象群の集約としての自己である。すでに述べたように、この自己は「無意識」を含んでいる。そのありようはまた本論の直感のありようと重なっている。

だが、その自己が表象群の中心として、あるいは集約としてある「思う〈われ〉」であることからして、そこからは「自己」の「身体（非表象としての）」は排除されている。デカルトがあらかじめ「物」のありようを懐疑したことの延長線上にこの事態は起こっている。

他方、本論の「自己」はこれまで繰り返し述べてきたように「身体（表象性としても非表象性としても）」を含みもっている。

前記のことは直感と行動の関係を考慮するときに如実である。直感と「無意識」との関係を考えるときにも、このことを抜きにしては考えられない。「無意識」を発見したフロイトが医学の領域に立ち、その無意識理論を幼児期の身体のありようから考察していることにも通じている。この対比についてはここで改めて無意識概念との関連で注視が必要である。

改めて述べるまでもなく無意識概念は精神障害との関連で発見され、生まれている。ここからは「身体」は除外されている。身体の病のことではなく、精神の病のことが問題となっている。そうであればこそデカルトが「思う〈われ〉の〈ある〉こと」を表象の中心として、あるいは集約としてとらえたことはそれ自身で充足していた。「思う〈われ〉の〈ない〉こと」はそのことのうちに「ない」としてあらしめておけばそこでは用は足りる。

だが、「思う〈われ〉の〈ある〉こと」の「ある」が懐疑されれば、とたんに表象群のもつ安定性、全体性は疑わしいものになる。「思う」も「われ」も疑わしいものとなる。その危うさは、そこからは非表象性としての「物」も「身体」も排除されていることからいっそう深刻なものとなりうる。

だが、そうであってもそこに「思う〈われ〉が〈ある〉こと」が引き続き残りつづけるとすれば、その場合の「思う」や「われ」や「ある」が何であり、どのようなものかが問われる。その問いの解こそが「思う〈われ〉の〈ない〉

こと」のありようである。フロイトはそれを発見し、「無意識」と呼んだ。

しかし、その場合の「無意識」は単に意識がないことではなく、もう一つの、別の意識である。現に「無意識」という表象は意識とは別の〈ありよう〉をして引き続き〈ある〉。「われ」においても同様であり、そこから「われ」がなくなってしまうのではなく、もう一つの、別の「われ」がありつづける。それが表象としてあるかぎり、そのありようで生きつづける。この「生きる」は病としてのありようを示すことがありうる。

前記のような事態は、精神の病の領域で展開する事象としてある。本論の「われ（自己）」と精神分析の「われ（自我あるいは自己）」とは前記の点で明らかな差異がある。

その根拠は、一つには本論の「われ（自己）」は「身体」を含むことであり、二つには前記のこととは裏腹に直感は「自己」と「非自己（要素超越と要素根源の合成）」から成り立つが、そこには無意識概念は要素自己との関連でのみ含まれていることである。

無意識概念はもともと表象であり実存概念ではなく、その存在は〈「無意識について知る」としての「ある」〉つまり〈無意識についての知識〉であり、直感の機能にはそのかぎりでの働き、つまり知識の働きとして関与する。それは直感の構造を本質的に歪めてしまうことはない。むしろ、無意識概念が知識として「自己」を支えるかぎりにおいて直感のバランスのありように貢献する。

以上述べてきたことは、精神分析が精神の障害との関連を本質とするととらえた場合に招来される事態である。そのことによって本論の直感概念との関連が如実になっている。

直感は精神の障害に特にかぎられるわけではなく、むしろ精神一般性に通じている。純粋直感や根源直感を排除した一般直感のことであれば、文字通り精神の一般性に妥当している。加えて、精神分析が精神のことを対象にしているのとは違って、本論の対象はあらゆる事象に広げられており、そこには何の限定もなく無限である。

前記のことに対応して直感自身には要素としてすべてが含まれていて、これもまた無限のありようをしている。「無限」概念自身が要素自己経由で、つまり知識として含まれているし、〈無限〉を体験できるかどうかは直感のありようにかかっている。必ずしもそのようなありようが閉ざされているわけではない。「無限」概念は単に知識としての存在概念であるだけではなく、要素自己が直感に属しているかぎりにおいて実存概念でもある。このことは前述の精神の障害の事象にも通じている。

前記のことからして本論は当然精神の障害と無縁であるわけではない。一つには、本論の出自である非行臨床の査定において行動の逸脱を対象とする際に心の問題も同時にかつ必然的に対象とされる。

直感分析は本質的に〈直感が直感を分析する〉ことであるが、その直感自身にすべての一切のものが含まれていることからすれば、単に「直感分析が〈行動の逸脱〉を対象とする」という述べ方はあまりにも狭量である。

ここであえて「物理学が〈物〉を分析する」という一つのアナロジーを添えて直感分析についての考察の視野を最大限に広げておくのもよい。将来的には直感分析が〈物〉を対象とすることもありうるからである。

「精神が精神を分析する」ことや、「現存在が現存在を分析する」ことのアナロジーについてはすでに述べた。ここで取り上げておく必要のあることは精神障害と本論との関係であり、精神障害と直感そのものとの関係である。精神分析において無意識概念が鍵となっていることのアナロジーとしての本論のありようについて、ここで改めて問われる。直感分析は何を鍵概念として精神障害に結びつくのか、それとも結びつかないのか。

フロイトは「無意識」と「自我」との関係に精神の病の根拠を置く。その際、自我概念の周辺に別に「超自我」概念と、さらに無意識的な心的エネルギーの源泉としての「イド」概念を置いた。

その際、新たに発見された「無意識」概念は「自我」概念の外に置かれ、それゆえに「自我」及び「超自我」と「無意識」との関係が〈精神の病〉の主題の下で考察された。知識として以外に「無意識」概念をもたない直感分析にとって精神の障害とは何であり、どのように位置づけられるのか。

身体に病があるように心にもまた病があるということは分かりやすい道理である。だが、同じ病と呼ばれてもそのありようは互いにまったく違っている。それは身体と心の差異が投げかける影のありようである。この差異は単純なものではない。

現に直感はこの二つを一つにするところで生じている。と言うよりも、本論においては身体と心を別にすることは特殊である。それぞれが別個に実存することがあるにしても、それは特殊である。

身体が病むとき心もそこに添っている。逆に心が病むときそこに身体が添っている。これら身体と心の二つのありようは単純に二種のありようのものではない。身体と心は決定的に異質である。対比も比較もできない。それなのに切り離すこともできない。それゆえに直感を直感ならしめる意義がそのことのうちにある。

さて、その場合直感にとっての「病む」とは何であるのか？　そこにもなお病があるとすれば、それはきわめて独自な病であろう。直感にとっては身体にかぎられる病も心にかぎられる病もありえないからである。

前記の問いに答えるには医学や生理学や病理学の知識が必要である。これらの知識は直感の要素としての「自己」経由のものである。すでに述べたように「無意識」概念もその一つである。ほかにも無数の知識の宝庫がそこにある。身体に因を発する病については、これらの知を用いることで問題は解決する。直感の要素としての「自己」がその解決にあずかる。さて、残る問題は心の病である。直感にとっての心の病とは何か。問いはそのように変わる。そうは言ってもそこから身体が除外されるわけではない。

病の本質とは多かれ少なかれ「生きる」が不可能になることである。その原因が身体にある病についてはそれでよしとして、それ以外の病については「生きる」が多かれ少なかれ不可能になるとはどのようなことであるか。問いはこのように変わる。

前記の答えの一つは、こうである。人間は「自己」なしに生きることはできないし、「非自己」なしに生きることもできない。それぞれの進み行きにはただちに死が訪れる。「自己」には〈身体〉が属しているからである。〈身体〉を取り除けば死は必然である。生にとって〈身体〉は絶対である。それでは、〈心〉の方はどうか。

ここで改めて〈心〉とは何であるかが問われるが、取りあえず生にとって〈心〉は絶対ではなさそうである。だが、〈表象〉のことを思えば〈心〉の取り除きは〈表象〉の欠落や歪みを必然としており、次いでそのことが「自己」の欠落や歪みを必然としており、さらに「非自己」の欠落と歪みを必然としている。少なくとも人間としての生は少なからぬ制限を受け、そのありようが直感にとっての心の病である。

前記のことの鍵を握っているのは〈表象〉である。そもそも〈表象〉とは何であるかという最後の問いが控えているが、これについてはすでに〈学〉の見解が出ていて、すでに述べたとおりデカルトにおいて問題は一つの極みに達した。その後〈学〉の進み行きは「無意識」を表象化し、「無意識」の内容を表象化した。

「無意識」の働きは直感の働きと拮抗する。「意識」の働きもまた直感の働きと拮抗する。この差異は、存在概念と実存概念の差異である。前者には〈表象〉が寄り添う。「無意識」にさえ寄り添う。自己なり、自我なりが主導するからである。

だが、直感は違う。直感は要素として「自己」を含みもつが、同時に「非自己」も含みもつ。「自己」は「意識」、「無意識」と同列に並ぶ。

前記の領域での〈表象〉のもつ意味を本論では「意味A」と呼んだ。その限りでの「意味A」は「意識」、「無意識」と同列に並ぶ。直感にとっては知識として。だが、この「意識」と「無意識」が非自己領域（根源領域と超越領域）へと循環すれば、「意識」、「無意識」は没する。その代わりのようにして「意味B」が浮上する。

「意味B」における〈表象〉のありようははっきりしない。表象化以前のありようが「意味B」の周辺に漂う。この「意味B」と「意味A」の重なりと循環が、そしてそれらと身体との重なりと循環が生を可能にする。心の病はこのことの不具合によって生ずるととりあえず述べることは可能である。

「自己」と「非自己」のバランスが鍵を握っている。加えて、これら直感の二要素としての「自己」と「非自己」には「領域」と「機能」が属していることからすれば、「領域」であれ「機能」であれそのどちらかが欠ければ健康ではありえず、その程度に応じて死は必然となる。

「領域」とは端的に言って「ある」であり、「機能」とは端的に言って「働く」である。それぞれのありようは互いに拮抗していて、「〈ある〉としての〈領域〉」が前面に出れば「〈働く〉としての〈機能〉」は後退し、逆に「〈働く〉としての〈機能〉」が前面に出れば「〈ある〉としての〈領域〉」は後退する。その上で互いに互いを必要としている。バランスはここにおいても求められている。

「ある（領域）」があり「働く（機能）」があって「生きる（生成）」は可能となっている。しかもそこに〈否定〉の働きがなければこの拮抗は可能にならない。「ある」の否定が「働く」であり、「働く」の否定が「ある」である。ここで鍵を握っているのは「ない」の「働き」である。「ない」の「働き」があって「ある」の「働き」も可能となる。さもなければ心のありようは不適切になり、身体もろとも病を招き寄せる。

なお、同じ精神分析であってもユングのそれはフロイトのそれと大きな隔たりがあり、端的に言ってユングにおける「無意識」概念は無限大に広まりかつ深まる契機を含んでいて、本論にとってはきわめて示唆に富む内容をもっている。これについては本書では触れないこととし、別の機会に考察する。

第二節　直感分析と「現存在分析」の対比

一　現存在と「自己」

ここで次の二点を改めて確認しておく。一つは、「自己」の表示はこれまでと同様に直感の要素としての自己概念であり、非自己概念との対であること。いま一つは、「現存在」とは一言で述べれば人間のことであるが、人間とは何かという問いを立てれば人間がどのようにしてあるかも同時に考えなければならず、そのとたんに人間はつかまえどころのない〈在る者〉となることである。それが「現存在」であり、〈現に在る者〉であり、上記のようにそのような〈在る者〉自身が何であり、どのようにあるかを問う〈それ自身〉でもある。

前記の陳述には本項との関係で二つのキーコンセプトが含まれている。一つは、すでに述べたように存在概念のありようである。「現存在」そのものは存在者としてあり、この存在者は自らの〈存在〉と向き合っており、「何ものかが存在する」や「自らが存在する」それぞれのありようとともにある。もう一つは、上記のような陳述は「他人事」ではなく、「自らのこと」であり、そのことを〈存在〉としてとらえていることである。

「現存在」としての存在者は存在者であるかぎりにおいて自らの存在と向き合っている。その際、この陳述における「現存在」と〈自らの存在〉との関係はどうなっているかが問われる。前者は〈現に在る者〉であり、後者はそのような〈現に在る者の自らの存在〉である。問いは「現に」とは何であり、どのようなことであるのかという問いに変わる。

「現に」とは「今ここに」ということであり、ほかのどこのことでもない。そうでなければそれはただの存在であって、一人の人間という存在である。その場合、この存在に〈現〉をかぶせる必然性はない。前述の「現存在」についての陳述は、次のように述べることで足りている。「一人の人間が自らの存在に向き合う」と。前記の「一人の人間」を「われ」と置き換えれば、それはそのまま既述のデカルトの陳述「われ思うゆえにわれあり」に通じている。その限りでは、「現存在」はこの「われ」以外の者ではありえない。〈現〉が「われ」との差異を強調しているようにみえるが、その強調はとりあえず空回りしている。この空回りのありようが本論の要素自己概念とどのような差異を指し示しているかが問われる。

本論の「現に在るもの」ということであれば、現に今ここで言葉を記しつづけているこの指の持ち主であり、この文字の発し手である「わたし」のほかにはない。直感の主体である「わたし」がこの文を前に進めている。だが、この「わたし」は単に「自己」ではない。また単にデカルトの陳述上の「われ」でもない。

そうは言ってもここに「自己」がないわけではないし、デカルトの陳述上の「われ」がないわけでもない。それらはいずれも要素自己としてここにある。その限りでそれらの主体も働いている。なるほどそのありようは「現存在」と重なっている。だが、その「自己」が直感の要素であるかぎりにおいて、その主体には限定が働く。それが「要素」の意味である。それは「現存在」の「現」とは逆の関係にある。

「現存在」の「現」が〈存在〉の主体を指し示しているのとは逆に、要素自己の「要素」は〈存在〉の主体を限定している。このありようが「現存在」のありようと本論の要素自己のありようの差異である。その方向性は逆であるが、そのような方向性をそれぞれ自らに課しているかぎりにおいていずれも実存概念である。

要素自己は直感の要素であるかぎりにおいて自己を含みもっている。だが、他方で要素としてその自己を限定してもいる。その方向は二方向を指し示している。一方において心理学の自己概念に重なる要素が「超越」を指し示し、他方において「現存在」に重なる要素が「根源」を指し示している。このことによって直感の要素としての「自己」は実存概念となっている。

「現存在」は既述のとおり「現に今ある存在である人間のありようである」とされるかぎりにおいて実存概念であるが、それが〈存在〉として規定されているかぎりにおいて存在概念でもある。換言すれば、「現存在」は西欧哲学の系譜に連なる存在概念としてあるが、ハイデッガーがニーチェ思想との対決で生み出した概念であるかぎりにおいて形而上学の進み行きの新たな段階に踏み出ている。それがその実存概念のありようである。だが、それが形而上学を引き継いでいるかぎりにおいてその実存概念のありようは直感の要素としての「自己」のありようとは違っている。前述の「方向性」の差異とは、上記の実存概念における「生きる」ありようの差異となっている。

「現存在」は〈存在〉に向けて自らを純化しようとするが、直感の要素としての「自己」は一方において〈超越〉に向けて心理学と重なり、他方において〈根源〉に向けて現存在分析と重なり、また全体化を目指すかぎりにおいて〈無〉とも重なる。ただし、この〈無〉は〈否定の働き〉を含んでいるとただちに付け加える必要がある。そのような差異自体が「生きる」のありようの差異を導き出している。

上記の差異は、現存在分析の根拠が〈純粋直観〉にあるのに対して、直感分析の根拠は〈一般直感〉にあることの対比も導き出している。この〈一般直感〉には要素として「根源直感（人間以外の生物に普遍化する直感）」が含まれているほか、言うまでもなく「自己」、「超越」、「根源」の三要素も含まれている。

二　世界と「自己」

直感は全体で一つであるものとの関係で働いている。この場でもそうである。始まりにおいてもそうであったし、現在でもそうであるし、これから先もそうであろうと予想がつく。ただ、その全体がどのようなものであるかとなると一筋縄ではいかない。〈心〉にとっての全体と〈物〉にとっての全体のありようは違う。それがどうしてそうなるのかは簡単な問いのように思われるが、本質にまで遡れば闇に紛れてしまう。

〈物〉にとっての全体は〈宇宙〉と呼ばれ、〈心〉にとっての全体は〈世界〉と呼ばれる。〈物〉は〈物〉であって〈心〉ではなく、〈心〉は〈心〉であって〈物〉ではない。〈物〉には〈物〉の理があり、〈心〉には〈心〉の理がある。前者は物理と言われ、後者は心理と呼ばれる。

上記のことには注視が必要である。人間との関係でこの両者（〈物〉と〈心〉）は決定的に違う。「現存在」にとってもそうであるし、「直感」にとってもそうである。

人間にとって直接的な〈物〉ということであれば身体である。その他の〈物〉は身体との関係で外部に離れてあり、その関係は直接には成り立たない。目が見るなり、手が触るなりしなければ成り立たない。だが、〈心〉は違う。そのありようはまったく逆である。

〈心〉はまずもって見えない。目をどのように働かしても〈心〉自体は見えない。〈物〉は見えるが、見えるだけの〈物〉が〈物〉であるわけでもない。見える〈物〉に限って〈物〉と呼ぶのは、人間の勝手である。

人間に見えるにしても見えないにしても、〈物〉は〈物〉として他の〈物〉は互いに見えない。しかし〈物〉は〈物〉としていつもある。

人間の「見えない」のうちでも〈物〉は〈物〉としてある。物理学がそのことを明かしていて無限小の小ささと無限大の大きさが問われて学の進歩が今も続いている。そしてこの見えない〈物〉もまた人間と無関係なわけではない。音もまた見えないが、人間にとっては切っても切り離せない大事な〈物〉である。人間の身体の一部としての耳が、それ自身〈物〉であるという資格によってこの見えない〈物〉をとらえる。

これは単に〈物〉と〈物〉の関係としてあるのではなく、「見える」と「見えない」の関係に、新たに「聞こえる」と「聞こえない」の関係が絡む。〈心〉と〈物〉が二重に錯綜している。

音は見える〈物〉ではない。「見える」がない所に〈心〉が生まれている。音は見えないことによって〈心〉に直結している。

「見える」は単に人間の特権ではなく、動物にもまた「見える」はある。だが、〈心〉は人間の特権である。「聞こえる」もまた人間のみの特権であるわけではなく、「聞こえる」は他の動物にも広がっている。〈心〉の本質は単に「見えない」にあるわけではない。

現存在分析が〈内〉として措定する〈世界〉は必ずしも見えないわけではないし、また逆に物理学が〈外〉として措定する〈宇宙〉は必ずしも見えるわけでもない。だが、そのどちらもがある種の〈全体〉を指し示している。〈世界〉にとっても〈宇宙〉にとっても見えるのは全体の一部でしかないが、それはいつでも全体を指し示している。その見える〈一部〉はいつでも〈物〉として同一であり、「〈目〉が見る〈物〉」としての本質をもつ。

上記の「見る」は〈心〉の働きである。そこでは〈見られる物〉と〈見る心〉が同一化している。そこでは紛れもなく「直感」が働いている。この事象において〈世界〉は〈宇宙〉であり、〈宇宙〉は〈世界〉である。

現存在分析では事象の全体を〈世界〉と呼ぶ。そこからは純然たる〈物〉は排除されている。純然たる〈物〉が見えるかぎりにおいて〈物〉は〈世界〉に属し、その限りでその〈世界〉は〈内〉としてある。〈物〉は存在として認知される。

前記のありようは直感分析にとっても同様である。だが、直感分析にとってはそれがすべてではない。直感にとっての全体には純然たる〈物〉が属している。

今現にここで働いている直感のありようには私の指が属し、ワープロの画面上に現れる文字もその働きと一体化している。指の動きが止まればすべては止まり、〈心〉だけがその余韻のうちに漂う。

前記における〈心〉のありようは、それ自身一つの事象として全体を満たす。〈宇宙〉は〈世界〉と一つになってそこに現れている。そのようなありようを直感分析は「直感」と呼ぶ。

直感自体は全体の一部になることはありえず、全体のありようのそのつどのありようが部分としてあるにすぎない。直感は要素自己がそれを分節するかぎりにおいて部分としてある。その際の全体とは「現存在」にとっての〈世界〉と同じであるが、直感分析にとっての〈世界〉には〈物〉そのものが裸で属している。指はキーにじかに触れるし、画面上の文字がじかに見える。「直感」とって〈世界〉はそのようにしてある。犬や猫が生きているのと同じ連続線上に人間の「生きる」はある。

三　世界内存在と「自己」および「非自己」

〈物〉はその極限において「非自己」に属している。「自己」に属している〈物〉ということであれば人間の身体のみであり、胎児としての身体がその極限としてある。このことは直感との関連のみで言えることである。

本論では、直感の要素として「自己」以外の一切のものが「非自己」と規定されている。前項で述べたように、そこには裸の、むき出しの〈物〉も含まれている。〈裸〉あるいは〈むき出し〉とは、表象を被らない、あるいは表象に染まらないという意味である。〈物〉自体が表象としてある。そのときもう一つのありようの表象はどこに、どのようにしてあるか。これは本質的な問いである。

「自己」がなければ「表象」が成り立たないことは、デカルトにおいて明らかなこととして確認された。〈われ〉があって〈思う〉がある。〈われ〉があってあらゆる表象が定まる。それでは、〈われ〉がなくて〈物〉自体はあるか。このことが問われている。

上記の問いのうちには一つの分かれ道がある。その場合の〈われ〉が直感の要素としての「自己」であれば、〈われ〉つまり「自己」とともに〈物〉自体もある。そこに開かれる〈世界〉はデカルトにおける〈世界〉とは違う。このことは重要である。

西欧哲学、形而上学における〈世界〉と本論の意味での〈世界〉が違うことは、この方向からも明らかである。前記のことについては、〈宇宙〉に関しても同様である。つまり、物理学上の〈宇宙〉は、西欧哲学、形而上学には属していないが、本論においては物理学上の〈宇宙〉は直感における〈世界〉に属しており、直感分析論に属している。

本論の進み行きは常に全体で一つのものであるものとの関係で展開している。「自己」と「非自己」がそのことを可能にしている。「自己」には〈物〉それぞれの〈表象〉が属し、「非自己」には〈物〉自体が属し、「人間の身体」が〈表象〉として「自己（デカルトの陳述における〈われ〉）」に属し、同時に〈物〉として「非自己」に属している。そのようなありようによって両者はつながっている。その仲介を「人間の胎児」が引き受けている。「現存在」は前記のこととは直接結びつくことはない。形而上の領域にとどまるかぎり、「現存在」は表象のみをその存在理由としている。それは常に〈存在〉である。

「現存在」には一般直感は属しておらず、そのことは人間の「生きる」を否定することだが、〈存在〉は〈無〉の働きを排除するかぎり人間の「生きる」を否定することはできず、人間の「生きる」がないままに「現存在」は生きつづけている。形而上学として。

前記のことからして、「現存在」は仮象の実存概念であるととらえられる。直感分析論における「自己」と「非自己」のつながりのようなものは、「現存在」としては存在しない。「現存在」が〈世界〉とつながるにしても、それは〈内なる世界〉つまり「半分の〈世界〉」とである。

前記のことについては、ただちに付記すべき事項がある。「現存在」は〈内なる世界〉とつながっているかぎりにおいて直感の要素自己、つまり「自己」とつながっている。それゆえ「自己」とつながるかぎりにおいて「非自己」にも重なっている。このことからすれば、「現存在」は「一般直感」経由で〈外なる世界〉と重なる可能性を残している。「純粋直感」を「一般直感」につなげることが鍵となっている。

前記のことにはさらに付記すべき事項がある。「自己」については心理学の自己概念に重なるとすでに述べた。このことからすれば心理学は直感の要素自己につながっている。それゆえ心理学が直感の要素自己つまり「自己」とつながるかぎりにおいて要素非自己つまり「非自己」にも重なっている。心理学は「一般直感」経由で〈外なる世界〉と重なる可能性を残している。心理学の諸理論を「一般直感」につなげることが鍵を握っている。

前記の陳述に見られることは心理学以外のすべての学問に通ずる。一方で現存在分析が「非自己」経由で直感分析とつながり、他方で心理学をはじめとする諸学問が「自己」経由で直感分析とつながっている。「非自己」の要素が「根源」と「超越」であることを考慮すれば前記のつながりは一方向的なものではないこともうかがえ、そこで起こっている事象は単に循環であるにとどまらず、複雑なつながりのありようを想定させる。

四　直感分析法と認識

直感分析は「知る」と重なっており、「認識」と重なっている。だが、これまで述べてきたことから分かるように、直感分析と「認識」の差異も明らかである。そのことは、それぞれの出自まで遡れば自明である。直感分析は、すでに述べたとおり「非行少年のことを知る」に尽きる非行臨床の心理査定から生まれている。その場合の非行少年とは生身の人間であり、「知る」は単にこの人間のことを知るにとどまるのではなく、この人間の「生きる」に絡む「知る」である。

前記のことは「知る」への厳しい限定である。この「知る」には、「知る対象」としての人間の「生きる」が含まれていなければならず、そうであれば同時にその場合の「知る主体」としての人間もまたその「生きる」の独特なありようを自らに導き入れていなければならない。その場合の「生きる」は単に「知る」としての「生きる」にとどまらず、「知る対象」としての人間の「生きる」を生きるままにとらえるような「生きる」が「知る」に属するようにしなければならない。

前記のように「知る」を間に挟むような場での二人の人間の「生きる」のありようは、単に「知る対象」と「知る主体」と分けられるものではなく、その二つの「生きる」は互いに生きるままであるかぎり重なって交流していなければならない。その場合の「知る」はそのようにして成り立っていなければならない。

そこに成り立っているのは単なる「表象関係」ではなく、「直感関係」である。紛れもなくそこには「表象関係」が属しているはずだが、それは直感の要素としての「自己」に吸収される。このことはその場の「知る」に影響しないはずはなく、その結果が直感分析における「知る」のありようである。そこには〈認識〉が含まれているが、この〈認識〉は直感の要素として働いている。

前記のことは、「知る」と「意味」との関係で述べた「意味Aと意味Bの問題」と重なっている。「知る対象」は〈意味〉であるにしても、〈意味〉は単に〈存在〉ではない。

この命題のうちに「直感分析」と「認識」との差異が潜んでいる。〈対象〉とは「表象関係」のありようであり、このことを「直感関係」に取り入れるには「表象関係」を「直感関係」の要素とするのでなければ可能ではない。〈意味〉は「知る」の対象であるにしても、その関係が「表象関係」を含む「直感関係」であるかぎり〈存在〉ではない。

とりわけ「意味B」はそうである。

「意味B」は通常、没したありようをしている。表象関係のみでは「意味B」をとらえることがむずかしく、「意味B」は「意味A」のうちに没している。換言すれば、「意味B」は言葉のうちに没している。だが、そこにないわけではない。直感によってはとらえることが可能であることがその証である。

「意味B」がそのようなありようをしていることは、その存在が不確かであるのではなく、それが「根源」にあることを明かしている。むしろそこで起こっている事象を支えているのは「意味A」ではなく、「根源」にある「意味B」の方である。

直感は、この「意味B」をとらえることによって「知る」を現実のものにする。これは単なる認識ではない。ましてや通常の「知る」ではない。

認識は通常の「知る」を「超越」との関係で、換言すれば「自己」の超越としての「知る」との関係でとらえることである。西欧哲学や形而上学はこのあたりのことを示して「超越論」と称している。「一般直感」としての「根源」がそこからは欠落していることの必然である。

直感の要素としての上半分が「知る」を成り立たせている。西欧の哲学史はそのようなありようを形而上学と呼ぶ。そこからはあるはずの「没する」が排除されるから、つねに明らかで確かである。学問はそのような明らかな確かさ、つまり認識の上に成り立っている。論理であるにせよ、実証であるにせよそうである。

直感の要素である「自己」には前記のありようが含まれているから、直感分析における「知る」は前記のような「知る」、つまり認識が重なっているが、それが直感の要素であるかぎり「認識」と同じではない。その鍵を「意味B」が握っている。

前記したとおり「意味B」は「没する」を常態としている。その限りでは学は成り立たない。しかし、直感分析の出自の領域は学の場ではなく臨床の場であるから、その限りでは直感分析の「知る」にとって「意味B」は不要であるどころか、前記したとおり必要不可欠である。「意味B」こそが「没する」ありようにおいて「生きる」をあらしめている。

直感分析の「知る」を認識との関連で考察することは前記のことに尽きるものではない。臨床ではなく認識をきわ立たせることが必要である。前記のことは直感分析の「知る」の下半分のことである。それは形而上学の下半分にすぎない。

「意味Ｂ」における没していないありようとは、没しているありようの単なる否定としてあるのでもなければ、仮象してあるのでもない。また単に漠然と没してないありようをしているのでもない。それは〈存在〉の側、つまり「自己」からの視点である。

その証に、「意味Ｂ」は「自己」経由で「超越」へと向かい、超越論を形成するのに貢献しうる。それが一つの学への道である。

学は、西欧形而上学がとらえているように単に「超越」から降ってくるだけのことでもなければ、数の主体によって成立するだけのことでもない。「根源」に出自をもつ「意味Ｂ」は「自己」経由で「超越」のものとなりうる。「意味Ｂ」は非自己領域のものであり、「没する」はその現れにすぎない。「意味Ｂ」は「没する」ありようで「非自己」領域に現れている。それこそが「意味Ｂ」の〈存在〉であって、前記したようにそれはないわけではないわけではないこの〈存在〉を表象として残せば、それはそのまま学への道へと通じる。これは表象関係を前面に出した一つの方法である。これはやはり「自己」経由の「超越」への道である。だが、「根源」が参加していることによって単なる学の方法とは違っている。

前記の方法とは別の方法が、直感分析の「知る」には属している。

前記したように「意味Ｂ」は「没する」ありようで「非自己」領域に現れているが、このような述べ方は「自己」領域との関連でのものである。そのことのうちに「表象関係」が前面に出ている。だが、ここで論じているのは直感の働きであり、「直感関係」のことである。

そこに「意味Ｂ」が没するにせよ現れるにせよ、「表象関係」はすでにあり、改めて「自己」領域を通過するのは余分のことであり、「意味Ｂ」をそのまま固定できれば「知る」にとって用は足りている。このような可能性は、直感分析における「知る」の真骨頂としてありうる。

直感分析の進み行く前方にこのような認識の新たなありようのすがたが見えてくる。表象関係が直感関係のうちに含まれるありようの「真理」の将来的見通しである。主導するのは直感関係であり、表象関係はその結果として現実のものとなり、「自己」の体系に収まる。

注

（1）実存概念とは「実存的概念」を意味し、主として存在概念との対比で使用している。その場合の存在概念も「存在的概念」の意味である。実存概念という言葉は、ハイデッガーの「実存カテゴリー」という概念に由来して筆者が使用している。

（2）「実存カテゴリー」の出典は、「存在と時間（Sein und Zeit, 1927）」。ハイデッガーは、同書の「存在の実存論的構成」の項で、「根源的了解」を「情態性」と並べて現存在の根本様態として概念付けし、あえて「実存カテゴリー（範疇）」と呼んでいる。

おわりに

本書は「直感分析法」について述べ、その根拠を問い、それを確認することが目的であった。当初の目的を果たし終えたかどうかはともかくとして、その名にある「直感」と「分析」がもともと互いに相容れないものであり、その相容れないものを一つのものとして展開することにその方法的本質があることからすれば、この方法を現実化していくことはたやすいことではない。だが序論でも述べたとおり原点はすでにあって見いだされていることからすれば、確かさが得られていないわけではない。端的に言って、この互いに相容れないありようは人間一般に属している表象作用と直感作用のことであり、その二作用は人間が生きているかぎりそれぞれのありようで一つであるありようで展開している。ただ、直感作用が表象作用の陰に隠れているありようをしていることで把捉の困難が生まれている。そのこと自体が直感の本質的なありようであり、それが表象作用との差異を刻印し、しかも表象作用の明らかな確かさが前面に出ることとなり、それゆえに直感にとっては分析作用と自らの作用は並立しがたいものとなっている。直感にとっては表象作用を自らのうちに含むありようとするほかに方法はなく、それが直感分析法の根本となっている。今後の課題は、このようなありようの直感分析法を人間生活のそれぞれの領域および学問領域で現実化していく作業を積み重ねることである。

本書はこれまでの著書同様多くの既存の知見に負っており、論の根拠を問うかぎりそれらを明示することが必要であるが、その一つ一つを例示することはできないので文中や注記に挙げたものに限ることとした。また、第一部の全論文、および第二部第一章の第一、二節は以前に執筆した原稿を若干加筆、修正したものである。その初出誌を以下記載する。

「鑑別面接」における直感の働きについて　犯罪心理学研究　第三三巻第二号　一九九六
課題作文の読み行為における直感の働きについて　犯罪心理学研究　第四十四巻第二号　一九九七
生活史の読み行為における直感の働きについて　犯罪と非行　第一一六号　一九九八
直感分析法と非行―現実論の観点から　犯罪と非行　第一二〇号　一九九九
心理臨床のための直感概念構築の試み　昭和女子大学生活心理研究所紀要　第一〇巻　二〇〇七

二〇一〇年五月

著　者

■著者紹介

渡邊　佳明（わたなべ　よしあき）

1941年　東京都生まれ
1965年　東京大学文学部仏文科卒業
1971年　国家公務員上級甲（心理）の資格により法務技官
1976年　法務総合研究所に6年間勤務
1993年　岐阜少年鑑別所長に就任。以後、大津、和歌山、千葉、札幌の各少年鑑別所長を歴任
2002年　昭和女子大学大学院生活文化研究専攻臨床心理学講座教授
現　在　同大学院生活機構科心理学専攻教授
茨城県に在住

主な研究領域

臨床心理学、非行臨床、直感分析論

主な著書

『虚空のダンス～直感が捉えた六つの非行原理』（文芸社、2000年）
『シンクロする直感～よしもとばなな「アムリタ」の意味するもの』（同上、2005年）
『「心の問題」と直感論』（大学教育出版、2008年）
『直感分析論 ―『言葉』と『心』の領域 ―』（大学教育出版、2009年）

「直感分析法」の原点と拠点

2010年7月10日　初版第1刷発行

■著　　者――渡邊佳明
■発 行 者――佐藤　守
■発 行 所――株式会社 大学教育出版
〒700-0953　岡山市南区西市855-4
電話（086）244-1268㈹　FAX（086）246-0294
■印刷製本――モリモト印刷㈱

ISBN978 - 4 - 88730 - 997 - 5